人生の壁を打ち破る法

THE STRONG MIND

ストロング・マインド

大川隆法

Ryuho Okawa

まえがき

この『ストロング・マインド』という本は、「心の持ち方」「人生論」を説いているもので、ある意味で私の、宗教家としての円熟期の思想を体現しているものといえる。

書かれている内容は、あるいは、「人生の壁を打ち破る法」であり、「大成する人の条件」であり、「人生に勝利する秘訣《ひけつ》」でもある。

霊的覚醒《れいてきかくせい》から約三十年の歳月が、私自身の心を鍛え、人格の器の大きさをつくり上げてきた。その間、通常人では決して味わうことのない、人生の苦しみや悲しみも体験してきた。多様な価値観《かちかん》を内包《ないほう》する書籍群《しょせきぐん》を出し続け、千数百回の説法を続けているが、それは、この「ストロング・マインド」形成の日々でもあった。雨の日も、風の日も、酷暑《こくしょ》の日も、「弱き心」を「強き心」に変えるべく、向上への道を歩んできた。そのわが姿を見つめ続ける、もう一人の自分がいつもいたのだ。

二〇一〇年　九月九日

幸福《こうふく》の科学《かがく》グループ創始者兼総裁《そうししゃけんそうさい》　大川隆法《おおかわりゅうほう》

ストロング・マインド

目次

第1章 七転八起《しちてんはっき》の人生

第2章　たくましく生きよう

第3章　心の成熟《せいじゅく》について

4 「許《ゆる》し」の気持ちが幸福への近道……124

第4章　心豊《ゆた》かに生きる

第5章 ストロング・マインド

第1章

七《しち》転《てん》八《はっ》起《き》の人生

1　十年に一回ぐらいは人生の危機《きき》が来る

「七転八起《しちてんはっき》（七転《ななころ》び八起《やお》き）」という諺《ことわざ》の意味

本章では、「七転八起《しちてんはっき》の人生」というテーマで述《の》べていきます。

七転八起は、少し聞き慣《な》れない言葉なので、「七転《ななころ》び八起《やお》き」と言ったほうが分かりやすいかもしれません。

七転び八起きは、「七回転んで、八回起きる」ということですが、計算上、七回転んだら、七回しか起きられないはずです。以前から、私は、「おかしいな。七回転んで、どうして八回起きられるのかな」と思っているのですが、「転んだ回数より、とにかく一回余分《よぶん》に起きよう」ということなのでしょう。

「マイナスのことが七回あったら、一個《いっこ》余分にプラスのことをしよう」という趣旨《しゅし》であると捉《とら》えたいと思います。

これは、計算的には、おかしいような気がしますが、昔からある言葉であり、「人生において、七回転んでも、八回立ち上がれ」ということです。

「七」と「八」という数字が出てきますが、何十年かの人生を生きていると、一般的《いっぱんてき》に、平均《へいきん》して、このくらいの回数は何か起きるのかもしれません。諺《ことわざ》として残っていることを考えると、「七十年から八十年の人生で、七回ぐらいは失敗する。だから、八回ぐらいは奮起《ふんき》しないと、人生は乗り切れない」というのが本当のところかもしれません。

そうすると、だいたい十年に一回ぐらいは危機《きき》が来ると見てよいでしょう。

十歳《さい》――家庭内の危機が起きる

まず、十歳《さい》前後のときに、たいてい家庭内の危機がやってきます。小学校の高学年に上がるころ、家庭のなかで、例えば、騒動《そうどう》が起きたり、喧嘩《けんか》が起きたり、親が失業したりします。あるいは、学校で問題が起きたりします。

十歳前後では、こうした、さまざまなことが起きます。

二十歳《はたち》――大人になるための試練が出てくる

次に、二十歳《はたち》ぐらいになると、大人になるための試練がやってきます。二十歳プラスマイナス数歳ぐらいのときに、誰《だれ》であっても、大人になるための試練が何らかのかたちで必ず出てくるのです。

これには、卒業・進学の問題が絡《から》むこともありますし、就職《しゅうしょく》の問題が絡むこともあります。さらに、このころから、恋人《こいびと》や人生の伴侶《はんりょ》を探《さが》しての、新しい戦いが始まります。

そのため、二十歳《はたち》前後で、最初の「人生の失敗」が出てきて、何らかの「人生の衝撃《しょうげき》」を受けることになります。それが、一般的にはよくある話であろうと思います。

三十歳──自立できているかが問われる

三十歳は男女ともに自立の年になるでしょう。

つまり、三十歳で、「自立できているかどうか」が問われます。それは、「親の援助《えんじょ》から離《はな》れ、経済的《けいざいてき》に自分の足で立てるようになっているか」ということであり、結婚《けっこん》している場合であれば、「夫婦《ふうふ》に家庭を営《いとな》むだけの力があるか」ということです。

三十歳のころに、自立のための試練が起き、「一人前の大人になっているかどうか」が試されます。二十七、八歳から三十歳過《す》ぎぐらいまでの間に、何らかの試練が起きると見てよいでしょう。

四十歳――仕事上の試練・体の変調が起きる

四十歳ぐらいになると、どのような試練が来るでしょうか。

男性《だんせい》の場合は、だいたい、中間管理職になるぐらいの年代です。会社勤《づと》めをしている人であれば、「課長になれるかどうか」という篩《ふるい》にかかるのが四十歳ぐらいです。この篩にかかって生き延《の》びた人は管理職に上がっていけるのですが、残念ながら、半分以上の人は課長以上にはなれないことになっています。

課長になれる比率《ひりつ》は、業種によって、だいたい決まっており、商社など課長の数が多いところでは、同期入社のうち半分ぐらいの人が課長になれますが、メーカーのように従業員数《じゅうぎょういん》が非常《ひじょう》に多いところになると、課長になれるのは、六人に一人から十人に一人ぐらいです。

このように、四十歳前後のときに、仕事上の試練として、「課長以上の中間管理職に上がれるかどうか」という関門が、一つ、やってきます。

一方、女性においても、四十歳前後は、一つの危機が訪《おとず》れるころです。仕事をしている場合には、もちろん、若《わか》いときと違《ちが》って疲《つか》れがたまりやすくなるので、健康面で問題が起きてきます。また、子育て等の悩《なや》みが増《ふ》えるのも四十歳前後です。このころは、家庭の問題も多発しやすい時期です。

さらに、体のほうも、四十歳ごろを境《さかい》にして変調がたくさん起きてきます。いわゆる、女性の厄年《やくどし》というものを迎《むか》え、その後、四十歳を過ぎるころから、いろいろな病気をし始めます。そして、四十歳過ぎから五十歳ぐらいまでの間に、更《こう》年期障害《ねんきしょうがい》等が始まるのです。

最初は、更年期障害という自覚がないため、体の不調が多くなったり、感情《かんじょう》の起伏《きふく》が激《はげ》しくなったりしても、理由が分からず、他の人にも理解《りかい》されません。そのため、余計に苦しむことが多いのです。

例えば、自分自身でも、「なぜ、こうなるのかな。私は、こんな人間ではなかったはずなのに」と思うのに、ついつい、ご主人に腹《はら》が立ってしかたがなくなったり、子供《こども》に八つ当たりをしてしまったりします。四十歳を過ぎると、そういう経験をすることが多くなるのです。

五十歳——人生に〝秋風〟が吹《ふ》いてくる

五十歳になると、いよいよ、「初老《しょろう》」と言われるようになります。

ただ、初老というのは、あまりよい言葉ではありません。初老というと、急に体が弱ってくるような感じがするので、私は嫌《きら》いです。

現実《げんじつ》に白髪《しらが》が増えてきますし、久《ひさ》しぶりに同級生に会うと、相手の髪《かみ》の毛が薄《うす》くなっていることもあります。「えっ、髪の毛は、どうした？　どこに置いてきたんだ？」というような感じです。なかには〝ワックスを塗《ぬ》った〟ようになっている人もいて、見間違えてしまうようになるのが五十歳のころです。

女性のほうも同じです。かつて、会社で「ミス総務《そうむ》」「ミス人事」などと言われていたような人であっても、五十歳ぐらいになると、〝化粧《けしょう》の厚塗《あつぬ》りコンテスト〟にでも出ているような雰囲気《ふんいき》の姿《すがた》に変わってきます。

若いころに着ていた服が、全部、合わなくなってきて、デパートでは流行の服の前を、だんだん素通《すどお》りするようになります。クイーンサイズやキングサイズのほうをウロウロと歩き回るようになるのも、このころです。

このように、五十歳は非常に厳《きび》しい年であり、誰もが、「人生の半分を過ぎたかな」ということを感じ始めます。「下り坂に入るかどうか」という地点が五十歳なのです。

いわば人生に〝秋風〟が吹《ふ》いてくる感じです。「やがて来る冬への備《そな》えをしなければならない」という、そこはかとない悲しさを帯びながら、「しかし、まだ、もう少し燃焼《ねんしょう》しなければいけない。もう一頑張《ひとがんば》りが要《い》る」というのが、この五十歳という年です。

六十歳――主観と客観のずれが出てくる

六十歳になると、どうなるでしょうか。主観的には、「まだまだやれる」と言いたいところですが、客観的には、周りの目がとても冷たく感じられるのが六十歳です。

本人が、やる気を出せば出すほど、周りの人は、冷たい視線《しせん》で見ています。

「主観的な自己判定《じこはんてい》」と「客観的な他者の判定」との間に、非常に差が出てくるのが、六十歳という年なのです。

たまたま、優《やさ》しい人に恵《めぐ》まれると、いろいろと持ち上げてくれたり、ほめてくれたりするのですが、それを鵜《う》呑《の》みにしていると、誤解《ごかい》が生じることがあります。実際《じっさい》には励《はげ》まされていることが多いので、それをそのまま聞いていると危《あぶ》ないのです。

例えば、社長であれば、部下が、「社長、六十歳でも、お若いですね。ゴルフも、ものすごく球が飛びますね。プロ並《なみ》のスイングですね」などと言って一生懸《いっしょうけん》命《めい》にゴマをすると、「そうだろう。わしは、まだまだいける」となるのが普通《ふつう》です。本当は、社長によいスコアが出るように、若い人たちが手加減《てかげん》をしたり、取引先の人が遠慮《えんりょ》したりしているのに、本人は気がつかないのです。

このように、「周りの人が自分に合わせて調整してくれている」ということが分からなくなるのが六十歳前後です。

女性の場合も、六十歳ぐらいになると、実務能力的《じつむのうりょくてき》には、かなりピンボケしたことを言うようになります。風格《ふうかく》はあるので、何となく、よく仕事ができるように見え、周りの人からも尊敬《そんけい》されているような気になりますが、実際には、そうではありません。自分の言うことを上辺《うわべ》ではきいてくれていても、実は、きいておらず、敬意を表しつつも、みな、勝手なことをやっているのです。

そういう感じになるのが、だいたい六十歳ぐらいです。六十歳は、主観と客観とが非常にずれてくる年であり、これも、なかなか厳しいものがあるわけです。

七十歳――自慢話《じまんばなし》や愚痴《ぐち》が多くなる

七十歳になると、〝秋〟はもう終わりに入ります。〝木枯《こが》らし一番〟が吹いてくるのが七十歳ということになります。

〝木枯らし〟とは、どのような人にも吹いてくる〝風〟であり、これとの戦いには厳しいものがあります。

七十歳で、まだ現役として仕事の第一線に立っている人は、数としては、かなり少なくなります。もう、あきらめている人のほうが多いでしょうが、まだ働いている人もいます。

オーナー社長には、そういう人が多いと思います。自分で会社をつくって経営している人には、「まだまだやる。百歳までやるぞ」と言うような人がたくさんいるでしょうが、やはり、能力的な衰《おとろ》えは隠《かく》せないものです。

さらに、七十歳ぐらいになると、自慢《じまん》の心が非常に強くなり、何だかんだ言いながら、一生懸命に自慢します。見ていると、どの人もそうです。自慢話が止まりません。平均より成功したと思われる人の場合、だいたい、七十歳になると、自慢話をするようになるのです。

反対に、成功しなかったと思われる人の場合には、七十歳前後から、愚痴《ぐち》がすごく出るようになります。

そして、その愚痴の原因《げんいん》を自分に求めるのはつらいため、外に求めることがよくあります。まずは親のせいにするところから始まり、次に、「兄貴《あにき》だけが、いい思いをした」「親が弟ばかりかわいがった」「家内が悪かった」「主人が悪かった」などと、きょうだいや伴侶のせいにすることが多いのです。

自慢話でなければ、とにかく愚痴が出るのが七十歳という年です。これも、それなりに、つらく厳しい時期であろうと思います。

この年齢になると、自己を客観的に観察することが本当に難《むずか》しくなります。周りの人は、さらに遠慮して、本当のことをあまり言ってくれなくなります。労《いたわ》ってくれている面もありますが、言っても変わらないので、あきらめられている面もあるのです。

七十歳ぐらいになると、人間として、ほぼ固まってきています。その意味で、七十歳というのも難しい年です。

人によって差はありますが、特に、社長業をしている人の場合、七十歳は、一般的に、かなり厳しい年ではあります。個人的に精進《しょうじん》を続けて、能力の逓減《ていげん》を最《さい》小限《しょうげん》に止め、精神年齢《せいしんねんれい》のまだ若い人も一部にはいますが、一般的には六十五歳ぐらいから能力も体力も下がってくることが多いのです。

この「下がってくる力」と、「『まだまだ頑張るぞ』という気合《きあい》」との闘《たたか》いが、七十歳前後で始まります。

八十歳――普通《ふつう》でいるだけで、ほめられる

八十歳ぐらいになると、もう、普通《ふつう》でいるだけで、ほめられます。普通の人間として生活ができたり、活字が読めたり、話ができたり、耳が聞こえたり、応対《おうたい》ができたりしたら、それだけで、ほめられるのです。

逆《ぎゃく》に言えば、八十歳になると、たいていは、体のあちこちに〝修理《しゅうり》〟が必要な状態《じょうたい》になっていることが多いのです。

このように、人生全体を大きな目で見ると、アバウトに十年刻《きざ》みで〝七転び八起き〟ぐらいのことは起きると考えてよいでしょう。

つまり、十年に一回ぐらいは何らかの難しい時期に差し掛《か》かり、それを乗り越《こ》えなければ次の段階《だんかい》には行けないのです。それが本当のところです。

人生のピークは四十歳前後

四十歳ぐらいまでは、だいたい上《のぼ》っていく感じですが、それから先になると、少しずつ下がってくる感じが出てきます。

ただ、外からは、四十歳を過ぎても上《あ》がっているように見える場合がありま す。しかし、その上がっている感じというのは、夕日の赤さのようなものであり、

「それまで認《みと》められなかった努力が、五十歳、六十歳になって認められてくる」ということなのです。現実には、自分自身の力は下がっていることが多いのですが、遅《おく》れて認められることがあるわけです。

それから、五十歳、六十歳ぐらいで、「この人は、こういう人である」という評価《ひょうか》が、だんだん固まってきます。「この人は社会的に有害か無害か」ということが、だいたい分かってくるのですが、「人畜無害《じんちくむがい》」と判定されると、その時点で評価が定まってくることがあります。

やる気満々のやり手で、いろいろなことをしている人の場合には、まだ、最終的にどうなるかは分からないので、何とも評価できませんが、普通の人の場合は、五十歳、六十歳ぐらいで、だんだん評価が固まってくるのです。

人生を特徴《とくちょう》づける重大事件《じけん》は何度か起きる

このように、人生を見てみると、赤ん坊《ぼう》として生まれて以降《いこう》、グーッと上がっていきますが、だいたい四十歳あたりをピークとして、あとは緩《ゆる》やかに下がっていく感じになります。それが一般的なかたちです。

この間に、デコボコがあり、「転んでは起き上がる」というようなことが何度か起きます。

つまり、一生のなかで、その人の人生を特徴《とくちょう》づける重大な事件《じけん》は、やはり何度かは起きるものなのです。

その重大事件は、現代的に言うと、例えば、学生時代に入学・卒業等の試験や資格《しかく》試験等で起きることもあります。また、男女の恋愛《れんあい》・結婚関係で起きることもあります。さらに、社会人になってから大きな経済問題が起きることもあります。それ以外にも、「病気をするかどうか」ということもありますし、自分ではなく家族に問題が起きることもあります。

人生においては、このような試練を幾《いく》つか経験しなければいけないことになっています。これは、人生の問題集として用意されているものなので、逃《に》げることはできません。実際に、世間全般を見ても、逃げられた人はいないのです。

「自分に何が用意されているか」は分からないでしょうが、用意された問題に当たった場合には、それに立ち向かっていかねばなりません。

ただ、そうした問題を解《と》いているうちに、地力《じりき》が付き、思いのほか能力が伸《の》びることもあります。一度、何かの試練を通り抜《ぬ》けると、それと似《に》たようなものに関しては、比較的容易《ひかくてきようい》に切り抜けることができるようになるのです。

例えば、病気の場合でも、一回目のときは非常にきついのですが、二回目のときには事前に少し〝免疫《めんえき》〟ができています。病気に対する考え方や心構《がま》えができ、家族の問題や老後のこと、その後の相続のことなど、いろいろなことについて、自分の考えをまとめる余裕《よゆう》ができたりすることもあります。

また、社長の立場にある人が病気をした場合には、それまでは考えなかった後継者《こうけいしゃ》問題などを考えなければいけなくなることもあります。

2　四十代以降《いこう》の危機《きき》を乗り越《こ》えるヒント

夫婦《ふうふ》には相互扶助《そうごふじょ》の面がある

既婚者《きこんしゃ》の女性《じょせい》の場合、更年期《こうねんき》に入り、病気などを経験《けいけん》すると、「結婚していることのありがたみ」がよく分かるようになります。

つまり、「結婚制度《せいど》は社会的救済措置《きゅうさいそち》でもある」ということです。実を言うと、ご主人は観世音菩薩《かんぜおんぼさつ》のような慈悲《じひ》の存在《そんざい》なのであり、「捨《す》てられないだけでもありがたい」と思わなければいけないくらいなのです。

夫のほうが、四十歳《さい》を過《す》ぎて地位も収入《しゅうにゅう》もあり、まだ、やる気満々のエネルギッシュなタイプである場合、更年期の妻《つま》は、言葉は選ばなければいけませんが、バザーで売っているもののような、あるいは廃品《はいひん》回収に出すもののようなレベルにまで落ちてくるわけです。

しかし、それでも、宗教《しゅうきょう》が昔から社会的使命を教え、強いプレッシャーをかけ続けているので、男性のほうは、「しかたなく」と言っては語弊《ごへい》がありますが、「責任《せきにん》を感じている」という状態《じょうたい》なのです。

このように、四十歳を過ぎて夫のほうが成功している場合には、夫婦関係において、夫が有利になってくることが多く、立場が逆転《ぎゃくてん》することがあります。

若《わか》いうちだと、妻のほうが優位《ゆうい》に立つことも多いのですが、四十歳を過ぎると、若いころには、もてなかったような男性でも、男振《ぶ》りがよくなったりします。若いときには、「ブヨブヨじゃないの」などと言われ、女性から軽蔑《けいべつ》されていたような男性でも、四十代、五十代で出世したりすると、「脂《あぶら》の乗った、仕事ができる、いい男」のように見えてくるのです。

このへんの違《ちが》いを、よく知らなければいけません。

夫婦には、お互《たが》いに助け合う面があるので、そういう相互扶助《そうごふじょ》のメリットのところについては、しっかりと知っておく必要があります。一時的な感情《かんじょう》でもって相手への判定《はんてい》をあまりにも簡単《かんたん》に下《くだ》してしまわないように、努力しなければいけません。

単身赴任《ふにん》をどう考えるか

四十代における、もう一つの危機《きき》は、「単身赴任《ふにん》などが多くなる」ということです。

子供《こども》が大きくなってくると、「親が転勤《てんきん》になっても、自分は中学校や高校を移《うつ》りたくない」という子が多くなってきます。

小学生までは一緒《いっしょ》に来てくれるのですが、中高生になると動いてくれなくなり、「母親と子供が残って、父親が単身赴任をする」ということが、あちこちで散見されるようになります。これは、家族としては、つらいことでしょう。

単身赴任は数年で終わることもありますが、場合によっては十年以上も経験する人もいて、「家族と言えるかどうか」が分からないような状態になることもあります。こういう試練もあるのです。

しかし、そうは言っても、結局は欲《よく》が絡《から》んでのことではあるので、単身赴任にも、しかたがない面はあります。

以前にも述《の》べたことがありますが、アフリカのある国に、「サルの捕《つか》まえ方」

という話が伝わっています。

くり抜《ぬ》いた椰子《やし》の実のなかにお米を入れ、それを椰子の木にひもで結びつけておくと、そのお米を取ろうとしてサルが手を突《つ》っ込《こ》みます。

ところが、いったんお米をつかむと、手が抜けません。お米を放せば、手が抜けて逃《に》げられるのですが、サルは、「せっかく手に入れた」と思って、つかんだお米を放さないので、手が抜けないのです。そこで、キーキー鳴いているうちに人間がやってきて、捕まってしまうわけです。

みなさんも、実際《じっさい》には、こうした状態になっていることがあります。人生には、その途中《とちゅう》で、両立しないことがたくさん起きてきます。それによって苦しみを味わうことになるのですが、その苦しみの原因《げんいん》は、結局、欲の部分にあるのです。

したがって、何か一つでも得られるものがあれば、それ以外の部分でマイナスが出たとしても、あきらめなければいけないのかもしれません。何もかも思いどおりにしようとしても、そうはいかないことが多く、〝お米を握《にぎ》って放さないサル〟と同じような状態になっていることがあるわけです。

四十代以降《いこう》は、「中間的な幸福」で満足することも必要

転勤の例で言えば、家庭の平和を取るか、夫の出世を取るか、子供の成功を取るか、選択肢《せんたくし》はいろいろあります。

そして、子供の成功を取った場合には、ご主人の単身赴任が長くなり、奥《おく》さんは受験ママになって頑張《がんば》るわけです。ただ、それで子供がよい子のままであればよいのですが、そうでなくなる場合もありえます。

夫を〝捨てて〟単身赴任をさせ、子供と二人三脚《きゃく》で勉強し、頑張って進学校に入れたものの、勉強が難《むずか》しくて子供のほうがついていけず、落ちこぼれることが

あります。それで、悪い友達をつくり、ぐれるようになって、家庭内暴力《ぼうりょく》が始まることもあるのです。

特に、母親より体が大きくなってきて、家に母親一人しかおらず、父親が遙《はる》か遠くに単身赴任をしていて家にいないとなると、子供が母親を蹴《け》ったり殴《なぐ》ったりし始めることもあります。

ところが、母親のほうは、「どうしても、名門高校、名門大学に行ってほしい」と思って我慢《がまん》をし、アザだらけになっているわけです。体のあちこちに生傷《なまきず》が絶《た》えず、人から「その傷はどうしたのですか」と訊《き》かれても、「転んだのです」と答え、「よく転びますね」と言われながら、耐《た》えているような人もいます。

それは子供に無理をさせているのです。

欲望というのは、たくさん湧《わ》いてくるものですが、四十代以降は、ある程度《ていど》、「中間的な幸福」で満足しなければいけないことがあります。それを知ってください。

何もかもを達成するのは無理なので、「まずまずの成功」で満足しなければいけないこともあるのです。そして、そのためには、「何か一つ恵《めぐ》まれた点があれば、それで十分に幸福だな」と思えるような心境《しんきょう》を持たなければなりません。

ここで述べた例で言うと、勉強のできる子供に育てることもよいのですが、もし勉強ができなかったとしても、「家族の仲がよい」「きょうだいの仲がよい」というようなことだけでも十分な成功です。また、勉強はそれほどできなくても、親孝行《おやこうこう》な子供をつくることができたら、やはり、それなりの成功なのです。

それから、「父親は、会社では認《みと》められず、出世しなかったけれども、おかげさまで、栄転することもなく、じっと家にいてくれた」ということもあります。

「会社のほうは、『引っ越《こ》し代を出すのも惜《お》しい。引っ越し代を出してまで、偉《えら》くする必要はなかろう。子会社の部長や社長に栄転させるほどでもないので、そのまま、じっとしていなさい』と考えていて、同じところに置いておかれたけれども、その分、家族的には、そこそこ仲よくやれた」ということもあるわけです。これにも、それなりによい面があり、必ずしも悪いことではないのです。

人生の危機は、諺《ことわざ》から見れば七回ぐらいはありますが、それぞれの大きな節目で、そのつど、何らかの心の態度を決め、乗り越えていかなければなりません。

ただ、ほとんどの苦しみの原因は、欲望が少し過ぎていることにあります。

自分が「手に入れたい」と思っているものは、客観的に見ると、達成するに値《あたい》しないものも多いのですが、自分の目には、そう見えないのです。それは、「世間の人々は、どうなのか」を見た上で、「自分には、このくらいが適正《てきせい》だ」ということを判断《はんだん》する目がないからです。

要するに、世間の人々のことを考えず、「自分は、こうだったらよい」としか思わないため、苦しみが多くなるわけです。

3　悪いことが起きていないことへの感謝《かんしゃ》

「人生において、七回ぐらいの危機《きき》は、当然、生じる」と思い、身構《みがま》えていてもよいのですが、「それを、いかにうまく切り抜《ぬ》けていくか」ということが大切です。

また、ある意味では、悪いことがいまだに起きていない場合、そのことに感謝《かんしゃ》する気持ちを持つことも大切です。

この点について、みなさんは意外に考えていないのではないでしょうか。

例えば、子供《こども》が非行《ひこう》に走ったり、家庭内暴力《ぼうりょく》を振《ふ》るったりするために苦しんでいる人はいますが、そういうことが起きなかった人の場合、そのありがたさを考えてもいないことが、けっこう多いのです。

「子供が、非行に走ったり、暴力を振るったりするなんて、考えたこともありません。うちでは、そんなことは起きなかったので……」というような感じでいて、それが幸福であることが分からないのです。

なかには、夫が暴力を振るう家庭もあります。特に、欧米《おうべい》では、男性《だんせい》の体がすごく大きくて力も強いため、夫の家庭内暴力を受ける妻は命《いのち》懸《が》けになってきます。欧米の男性は、もともと筋力《きんりょく》が強いので、奥《おく》さんを両手で軽々と抱《かか》え上げることができます。

一方、日本の男性で、それができる人は、ほとんどいません。私も無理です。柔道《じゅうどう》やプロレスなどのスポーツをしたり、建築《けんちく》関係で重労働をしたりして、筋力が異常《いじょう》に強い人はできるでしょうが、事務《じむ》仕事をしている一般《いっぱん》のサラリーマンには、奥さんを抱《だ》きかかえるだけの力はないはずです。重いので、一瞬《いっしゅん》で〝沈《しず》んで〟

しまうでしょう。

奥さんを両手で抱え、二階まで階段《かいだん》を上がれたら、もう、拍手喝采《はくしゅかっさい》です。賞状《しょうじょう》をあげてもよいぐらいです。そのくらい、ほとんどの日本人はできません。

しかし、欧米の人はできるのです。これには、生まれつきの体力差が影響《えいきょう》しているようです。

そのため、日本においては、欧米に比《くら》べ、比較的《てき》、夫による家庭内暴力の比率《ひりつ》は低いのです。

つまり、これは、「奥さんも強い」ということです。日本の場合、奥さんも十分に強くて、その体重で体当たりされると、男性のほうも、十分、体が〝壊《こわ》れ〟ます。「尻《しり》に敷《し》かれる」とよく言いますが、本当に体の上にドーンと座《すわ》られたら、〝潰《つぶ》れる〟こともありうるのです。それが、日本において、夫による家庭内暴力が、ほどほどのところで止《と》まっている理由であると思われます。

もしかすると、今後は、逆《ぎゃく》に、「妻《つま》による家庭内暴力」もあるかもしれません。実際に、欧米では、夫の暴力に対抗《たいこう》するため、空手やボクシングなどの護身術《ごしんじゅつ》を習う奥さんが増《ふ》えてきつつあります。いざというときのために、肘鉄《ひじてつ》やアッパーカットで夫を倒《たお》す練習をしているわけです。特に、保険金《ほけんきん》を掛《か》けられている場合には、事故《じこ》に見せかけてやられる可能性《かのうせい》もあるので、今後は、男性も気をつけなければいけないかもしれません。

要するに、ここで述《の》べたようなことがまだ起きていなければ、「それだけでも幸福である」と言えるのですが、普通《ふつう》は、そのことに、なかなか思い至《いた》らないわけです。

ぜひ、「自分の家庭は幸福なのだな」と思う気持ちを持っていただきたいと思います。

4　自分の「分《ぶん》」を知り、強みに賭《か》ける

子供《こども》の受験では、第一志望《しぼう》に受かったり、第二志望に受かったりして、満足できる場合もありますが、満足できない結果に終わることも数多いだろうと思います。

しかし、実際《じっさい》には、欲《よく》が過《す》ぎて、少し無理をしていることも多いのです。傍《はた》から見ると、岡目八目《おかめはちもく》といって、それがよく分かるのですが、本人には、なかなか分からないわけです。

学校の先生や塾《じゅく》の先生が欲を出し、「行け、行け」と言って〝乗せた〟ものの、結局、「行けなかった」というようなことは、毎年、数多く起きているはずです。

塾の事情《じじょう》からすると、有名な学校への合格者《ごうかくしゃ》を増やしたいわけですが、ある程《てい》度《ど》の数の生徒に受けてもらわないと合格しないため、落ちることを覚悟《かくご》の上で、とにかく定員の何倍もの人を受けさせます。誰《だれ》が合格して、誰が落ちるかは分からないので、落ちることを織《お》り込《こ》んで、たくさん受けさせるのです。

それは、企業《きぎょう》というか、会社的な目で成果を狙《ねら》い、やっていることなので、個《こ》人《じん》の事情とは違《ちが》うところがあることを知らなければいけないでしょう。

要するに、ある意味で、自分の「分《ぶん》」を知ることが非常《ひじょう》に大事であるわけです。入学試験等では合格・不合格が出てくると思いますが、「自分の身の程《ほど》を知る」ということが非常に大事なのです。

ただ、身の程を知って、それであきらめればよいかといえば、そうではありません。自らの分を知り、「その分のなかで、できることは何か」を考えていくことが大事です。

自分のことをトータルで見て、「大した才能《さいのう》がない」と思ったとしても、自分の持っている能力のなかで、どの部分がいちばん優《すぐ》れているかをよく見て、そこに特化し、ずっと掘《ほ》り込んでいけば、ある程度、世間に認《みと》められるところまで行くことはできます。

したがって、何もかもで勝とうとする必要はありません。自分のなかの強みを選び出していくことが大事なのです。

これは私の場合も同じです。若《わか》いころに、自分の強みの一つとして感じていたことは、やはり、「本を読むのがとても好きである」ということでした。

本を読むのが好きな人は、本を書くこともできます。逆《ぎゃく》に言えば、本を書く人は、本を読む人なのです。

小説家などの物書きになりたければ、やはり本を読むことが大事です。たくさん本を読み、インプットが多いと、アウトプットが出てくるのです。読書家でもないのに作家になるのは無理です。本を読むのが好きであってこそ、書けるようになるものなのです。

このように、自分の強みに賭《か》けていかなければなりません。

私は、事務系統《じむけいとう》の仕事でも、ある程度、成功できたと思いますが、それだけであれば、ほかにも、できる人はたくさんいますし、「自分としては、やはり、創《そう》造性《ぞうせい》のある仕事のほうが向いている」と感じていました。そのため、だんだん、そちらの方向へと自分の能力に磨《みが》きをかけていったわけです。そういうところがあったと思います。

5　どのような環境《かんきょう》でも、光を放つ努力を

人生は、それ自体が一つの学校である

本章では、「七転八起《しちてんはっき》の人生」というテーマで述《の》べてきましたが、読者のなかには若《わか》い人も多いことでしょう。

若い人たちは、これからの人生において、いろいろなことを経験《けいけん》すると思います。悲しいことや苦しいことも、たくさんあるでしょう。しかし、決して挫《くじ》けてはいけません。

「この世」というのは、人生勉強をするために生まれてくる所です。したがって、「何の苦労もなく、楽に、幸せに一生を過《す》ごせたら、それでよい」というも

のではありません。いろいろな苦しみや悲しみを経験すると思いますが、「それらは、この世で魂《たましい》を磨《みが》くために起きている」ということを知っておいてほしいのです。

確《たし》かに、それは、つらいことです。

例えば、子供《こども》時代に「親が早く死ぬ」ということもありますし、今のような不《ふ》況期《きょうき》であれば、「父親の勤《つと》めている会社が潰《つぶ》れてクビになる」「父親が経営《けいえい》していた会社が潰れてしまう」「親が自殺してしまう」などということもあります。さらには、「交通事故《じこ》で死んでしまう」というようなこともあります。つらいことは、世の中には数多くあるのです。

それから、社会人になるときも、会社回りをして就職《しゅうしょく》がやっと決まり、入社しようと思ったら、その会社が倒産《とうさん》してしまうこともあります。今は、年に一万件《けん》以上《いじょう》も会社が潰れていて、内定取り消しどころか、入ろうと思った会社そのものがなくなるような時代に入っています。つらいことです。

また、若い人が、「会社をつくろう」「社長になるぞ」と思い、夢《ゆめ》を持って起業したとしても、こういう時期は、やってもやっても潰れていくことが多いのです。

そのように、つらい思いを、いろいろと経験することでしょう。

ただ、人生は、やはり、それ自体が一つの学校であり、みなさんは、この世で楽をするために生まれてきたわけではありません。いろいろな経験を積むために生まれてきたのです。そのことを知っていただきたいと思います。

苦難《くなん》・困難《こんなん》を心の糧《かて》として、素晴《すば》らしい人生を生き抜《ぬ》こう

人生の真実は実に簡単《かんたん》なことであると私は思います。簡単に言うと、「努力する者は必ず何らかのかたちで報《むく》われる」ということです。

それから、「『多くの人たちの幸福を実現《じつげん》しよう』、あるいは『世間の人々のた

めになることをしよう』と志《こころざ》している人は、どのようなかたちであれ、いつかは認《みと》められるようになってくる」ということです。

さらに、「決して乗り越《こ》えることのできない苦難《くなん》・困難《こんなん》はない」ということも人生の真実です。

この世で起きる不幸というものは、ある程度《ていど》、予想されていることばかりです。予想されていないような事態《じたい》など、ほとんどありません。それゆえに、この世で、どのような不幸があったとしても、「乗り越えていけない」ということはないのです。

したがって、不幸な出来事のせいにしないことが大事です。「あのことのせいで、自分の人生は駄目《だめ》になった」と考え、その不幸を人生の最後まで引きずるのが、いちばん、よくないことです。たとえ、不幸な経験をしたとしても、それを心の糧《かて》として、素晴《すば》らしい人生を生き抜《ぬ》いていく努力をすることが、とても大事であると思います。

悲しみを通して、他の人への優《やさ》しさが出てくる

悲しみを知った人でなければ、ある意味で、他の人への優《やさ》しさや同情《どうじょう》の心、愛の心というものは出てきません。

私は、今、宗教家《しゅうきょうか》という仕事をしていますが、毎日、世界各地で、悲惨《ひさん》なことが数多く起きています。苦しんだり悲しんだりしている人々がいます。戦争も起きています。飢餓《きが》も起きています。いろいろな災害《さいがい》も起きています。苦しみや悲しみが尽《つ》きる日はありません。毎日、そういうものを見るにつけ、本当に悲しい気持ちになります。

また、最近では、大きな会社が潰れて、何万人もの人々が解雇《かいこ》され、失業することもあります。それぞれの家庭のことを考えると、非常《ひじょう》につらい気持ちになり

ます。

しかし、だからこそ、「自分の仕事が必要なのだ」と思うのです。世界がうまくいっているのならば、私がいる必要はありません。人々が苦しんでいるときだからこそ、こうした宗教の仕事が必要ですし、また、その仕事に尊《とうと》いものがあるのです。私は、そう考えて精進《しょうじん》しています。

どうか、世間を見て、ニヒルにというか、虚無的《きょむてき》にならないでください。また、投げやりな態度にもならないでください。

「どんなに客観情勢《じょうせい》や環境《かんきょう》が悪くても、そのなかで自ら灯火《ともしび》をともす。光を放つような人生を生きる」――そのような努力をすることが大事です。

それが「七転八起の人生」の精神であると思います。

どうか、最後まで頑張《がんば》って生きてまいりましょう。

第2章

たくましく生きよう

1　善川三朗名誉顧問《よしかわさぶろうめいよこもん》が経験《けいけん》した「貧《ひん》・病《びょう》・争《そう》」

父の苦労は私の「魂《たましい》の肥《こ》やし」になった

本章では、「たくましく生きよう」というテーマについて述《の》べていきます。

このテーマの定義《ていぎ》の仕方は難《むずか》しいのですが、考えてみると、私の父である故《こ》・善川三朗《よしかわさぶろう》は、ある意味で、かなり、たくましく生きた人でした。

私は、子供《こども》時代から、父が、波瀾万丈《はらんばんじょう》というか、「いろいろと人生の辛酸《しんさん》をなめたり、人生の荒波《あらなみ》を乗り越《こ》えたりして生きてきた」という話を、ずっと聞いてきました。

そのため、父の経験《けいけん》した苦労が、私の「魂《たましい》の肥《こ》やし」になったところがあります。要するに、自分がそういう経験をしなくても、耳学問で済《す》んだところがあるのです。

一般《いっぱん》に、新しい宗教《しゅうきょう》に人が集まってくる理由として、『貧《ひん》・病《びょう》・争《そう》』の悩《なや》みを解決《かいけつ》するためである」ということが言われています。「貧」は貧乏《びんぼう》、「病」は病気、「争」は争い事のことです。

父は、この三つを十分に経験した人でした。

その意味で、私は、幼少《ようしょう》時から大人になるまで、父の姿《すがた》をずっと見ながら、「貧・病・争」という、人生の苦しみや悲しみを感じ取って育ったわけです。

私自身は、この世的な経歴だけを客観的に見れば、順調にエリートコースを歩んだようにも見えます。

しかし、現実《げんじつ》には、両親やその他の人たちが、いろいろと悩んでいる姿を見て、あるときには、彼らを反面教師《きょうし》として、「このようになってはいけない」と思ったことがありますし、あるときには、「このようにしなくてはいけない」と思ったこともあります。私は、その両方を経験してきました。

家族を養うために、二十数種類の職業《しょくぎょう》を経験《けいけん》した父

私の父は七歳《さい》のときに父親を亡《な》くしています。

そのあと、「母親が女手一つで四人の子供を育てる」という状況《じょうきょう》になり、小さいころには生活の苦しみを非常《ひじょう》に味わったようです。「弟の面倒《めんどう》を見るために、学校に背負《せお》っていったこともある」と聞いています。七歳で父親が亡くなったため、父は母子家庭で青少年時代を送ったのです。

また、父は、長兄を頼《たよ》って東京に出て、旧制《きゅうせい》中学に通いましたが、太平洋戦争が始まったため、故郷《こきょう》の徳島《とくしま》に疎開《そかい》することになり、「東京で立身出世をする」という道が閉《と》ざされました。

戦争中、長兄は出征《しゅっせい》していたので、二十歳《はたち》前後の父が母親や妊娠中《にんしんちゅう》の兄嫁《あによめ》、姉、弟などを養い、護《まも》っていたのです。

父は、徴兵検査《ちょうへいけんさ》では、〝幸い〟にして「丙種合格《へいしゅごうかく》」であったため、結局、兵隊には採用《さいよう》されませんでした。「万一《まんいつ》、敵《てき》が上陸した場合には、海岸線にて竹槍《たけやり》で迎《むか》え撃《う》て」というぐらいのレベルだった〝待機軍〟に回されたのです。そうして、父は〝留守番《るすばん》部隊〟となり、家族を護ることになったわけです。

おそらく、父は戦時中に学校の先生を始めたと思います。誰《だれ》かに乞《こ》われて雇《やと》われたのだと思うのですが、山のほうに疎開していたはずなので、それだけでは生活が成り立たなかったと考えられます。

父は、「いろいろな職業を同時並行的《へいこうてき》に経験した」と言っていました。私が子供のころに聞いただけでも、父が経験した職業は二十数種類あり、とても覚え切れませんでした。それほど、いろいろな仕事をしています。

「食べていけないので、家族や一族を養うために何でもやった。リヤカーを引いて野菜を売ることから始めて、何か生活の足しになる商売があれば、すぐに始めた」と父は言っていました。

「正しさ」を求め、不正や腐敗《ふはい》を憎《にく》む

父は青年時代に政治《せいじ》活動等も活発にやっていたようです。

徳島県の革新系《かくしんけい》の政治活動家としては文章力がずいぶんあったため、二十代で理論的《りろんてき》な中心リーダーになっていました。

革新系の雑誌《ざっし》や新聞等の論説主幹《しゅかん》のようになって、当時の徳島県知事の汚職《おしょく》など、政治の腐敗《ふはい》を一生懸命《いっしょうけんめい》に追及《ついきゅう》し、「権力《けんりょく》の腐敗を許《ゆる》すまじ。庶民《しょみん》が食べ物でこれだけ苦しんでいるのに、何ということだ！」と筆誅《ひっちゅう》を加えていたらしいのです。

当然ながら、権力の側は黙《だま》っていません。向こうは権力の座《ざ》にあるため、「必ず引っ捕《と》らえてやる。常《つね》に追及してくるあいつを捕《つか》まえろ」と思っていたことでしょう。

ところが、父は、住所不定の状態《じょうたい》で、あちこちに潜伏《せんぷく》しながら、筆誅を加え続けていたようです。今で言えば、アフガニスタンの山中を逃《に》げ回っている、ウサマ・ビン・ラディンのような生活だったと思います。

父は、あちこちを逃げ回らなければいけないため、家財《かざい》道具もあまり持てませんでした。最後には、谷口雅春《たにぐちまさはる》の『生命《せいめい》の実相《じっそう》』の合本された版《はん》・全二十巻《かん》を風《ふ》呂敷《ろしき》に包み、それだけを持って山のなかを動いていたのです。

しかし、とうとう逃げ切れなくなって、しかたなく、山中で穴《あな》を掘《ほ》り、それを埋《う》めました。「あとで取りに来よう」と思って埋めたらしいのですが、それが最後となりました。その後、本の行方《ゆくえ》は分からないままです。徳島県の山のなかを掘ってみれば、どこかから出てくる可能性《かのうせい》はあります。

そのように、「日々、寝場所《ねばしょ》が替《か》わっていた」ということで、これは、よく言えば、イエスのようでもあります。しかし、悪く言えば、最近の怪《あや》しげな活動家のような生活をしていたわけです。

前述《ぜんじゅつ》したように、父は職業を二十数回も替えましたが、「住所を決めれば警察《けいさつ》が捕まえに来るので、決められない」という状況であったため、シンパの所を回りながら仕事をしていたようです。

父は、私が生まれるころに大病をしたのですが、その前に、「貧・病・争」の「争」の経験をしているわけです。

その後、父は徳島県知事と法廷《ほうてい》で対決することになりました。父は論説で知事を批判《ひはん》するキャンペーンを張《は》っていたため、向こうから名誉毀損《めいよきそん》で訴《うった》えられたのです。

それで、父は徳島地裁《ちさい》で知事と争いました。そのとき、勝ったのか、負けたのか、よくは知りませんが、さらに高松高裁での控訴審《こうそしん》でも争ったそうです。父に弁護士《べんごし》を雇うお金がないため、先方は、「弁護士が付かないと裁判にならないので、国選弁護人を付けろ」と言ってきました。

しかし、父は、「税金《ぜいきん》で雇った弁護士など信用できるか。どうせ税金で雇われているのだから、権力の犬だ。そんなものは要《い》らない。自分は一人で戦う」と言って、知事の弁護士に対抗《たいこう》しました。

「自分一人の口にて戦う」ということで、父は国選弁護人を断《ことわ》り、素人《しろうと》ながら言論で戦ったわけです。その結果、高松高裁まで行って勝ったらしいのです。

勝訴が確定《かくてい》したので、「父は徳島県知事に勝った」ということでしょう。要するに、「父の言論が正しかった」「父の批判は正当だった」ということを高裁は認《みと》めたわけです。

父は、そういう人でした。「不正を憎《にく》む」ということに対しては、非常に、はなはだしいものがありました。「正しさを求め、不正や腐敗等を憎む」という人だったのです。

それから、「権力の座にある者があぐらをかき、弱い者いじめをするようなことは許さない」という気持ちが非常に強かったように思います。

私にも父と同じように反骨精神《はんこつせいしん》が流れている

そういう話を、私は子供のときに聞いていたわけです。

私は、基本的《きほんてき》には保守系《ほしゅけい》の思想を持っているのですが、その〝根っこ〟には反《はん》骨思想《こつしそう》も少し入っており、ちょっと〝怪しい〟ところがあります。

普段《ふだん》、私は保守であり、「安定的で発展的《はってんてき》な、秩序《ちつじょ》ある社会が望ましい」と思っていますが、いったん風雲急《ふううんきゅう》を告げれば何になるかは分かりません。パッと竜《りゅう》に化けるかもしれないのです。

そういうときになれば、やはり、私のなかにある〝父親の血〟が騒《さわ》いできます。いざとなれば、大きな権力に対しても、利害を退《の》けて、すぐに戦い始める気持ちはあります。

実は、私にも血の気が多いところはあるのです。普段は穏《おだ》やかに平和と調和を求めて活動していますが、私のなかには反骨精神《せいしん》のようなものが流れています。そのため、「許すまじ」と思ったときには、そうなるのです。

私が見ていたかぎりでは、父には、年を取ってからも、不正を見て怒《おこ》るところがありました。それは、カッとなって、「許さん！」という感じの怒り方です。今の私ぐらいの年齢《ねんれい》のときでも、まだまだ血の気《け》があり、よく怒っていました。

私自身は、もっと早い時期に穏やかになっています。子供時代は、かなり熱血漢系の人間であり、すぐ抗議をするようなタイプでしたが、だんだん、おとなしくなり、穏やかになってきたわけです。

そのように、父は、「争」というものを経験しました。

今、私の実家は鉄筋《てっきん》コンクリート製《せい》の小さな家ですが、その前は木造《もくぞう》の家でした。『回想の父・善川三朗』（宗教法人幸福の科学刊）でも述べたのですが、その木造の家が警官隊に取り囲まれたことがあります。当時、川島町に住んでいた人なら覚えているかもしれません。

その人たちは、「警官隊に取り囲まれていたとき、家の主人はどこにいたのだろう」と思ったことでしょう。実は天井裏《てんじょううら》に隠《かく》れていたそうです。

そういう意味で、父は本当に〝戦う人〟だったのです。警官隊も恐《おそ》れず、筆誅を加えまくっていた人でした。

そのため、私のなかにも、そういうものは伝わっています。

私は、「あまり利益《りえき》にならない」と思ったことでも、「許すまじ」と思えば、批判し始めます。これまでも、自分より大きなものに対しても批判するようなところはあったと思います。

資金《しきん》や担保《たんぽ》がないのに、交渉力《こうしょうりょく》で自宅《じたく》を建てる

「貧」のところは、どうでしょうか。

父は子供のころから貧乏でした。戦争中は、食べる物がなくて、芋《いも》の蔓《つる》を水団《すいとん》のなかに入れ、煮込《にこ》んで食べる程度《ていど》の食事をしていました。家族の生活レベルが、そのくらいのときもあったそうです。

父は、二十代で、そういう政治活動等をしていましたが、三十歳が近くなって、〝引退時期《いんたいじき》〟になったのでしょう。また、周囲からも、「そろそろ一人前になってくれないと困《こま》る」と言われていたのかもしれません。そのころ、父は「身を固めよう」と思ったらしく、母と結婚《けっこん》しました。

そして、前述した木造の家を建てたわけですが、そのとき、父に、自宅《じたく》を建てるための資金《しきん》はまったくありませんでした。資金もないのに家を建てたのです。この交渉力《こうしょうりょく》はすごいと思います。

では、どのようにして家を建てたのでしょうか。

もちろん、銀行からお金を借りました。しかし、父に担保《たんぽ》などありません。そこで、家を建ててもらう大工の棟梁《とうりょう》に、「あなたが連帯保証人《ほしょうにん》になりなさい」と言ったのです。大工の棟梁を連帯保証人にして銀行からお金を借り、家を建てたわけです。

その棟梁は、あきれてしまい、口をポカーンと開けて、「こんなことは初めてだ」と感じたことでしょう。

棟梁から、「私が保証人になるのですか。仕事だから、家は建てたいのですが、あなたがお金を返せなければ、私がそれを返すのですか。それでは、私があなたの家を無料で建てることになりますね」と言われ、父は、「まあ、そういうことだ」と言ったかもしれません。

父には、そういうことを平気でやらせてしまう、強引なところがありました。ある意味では、すごい交渉力と言えます。弁舌《べんぜつ》がかなり立ったので、平気で、そういうことができたわけです。

資本家《しほんか》を攻撃《こうげき》していた父に事業家の素質《そしつ》はなかった

ただ、父には事業の才能はあまりなかったようです。資本家《しほんか》を攻撃《こうげき》していたところに、やはり、経営者《けいえいしゃ》になる素質《そしつ》を否定《ひてい》するものがあったと思います。

このへんについて、私は大学に入るころに気がつきました。「経営者や事業家として成功するための大事な素質がある」ということを、自分なりに気がついたため、父の考えと少し離《はな》れることができたのです。

父は、資本家に対して、批判的な態度をずっと取っていたため、いざ自分が経営者になってみると、やはり、うまくいきませんでした。自宅の離れにつくっていた工場が三年ほどで潰《つぶ》れ、以後、二十年ぐらい借金を背負いました。それは、かなり厳《きび》しいものだっただろうと思います。

もっとも、母の言《げん》によれば、「二十数回も職業を転々とした男が、返済に二十年もかかる借金を背負ったおかげで、とうとう職業を替えられなくなった。ある意味では、それで職業が安定した」ということでした。

借金を背負ってしまったために、身動きが取れなくなり、その結果、安定した仕事を始めたわけです

父は、「勤《つと》め人《にん》は面白《おもしろ》くない。自分は、とても創造的《そうぞうてき》な人間なので、勤め人では、全然、面白くない」と、いつも言っていました。しかし、社長として工場を潰した人間であっては、文句《もんく》は言えません。借金がなくなるまでは自由ではない

からです。

私は、そういう環境下《かんきょうか》で青春時代を送りました。

両親がお金に関して非常に慎《つつ》ましく生きているのを見て育ちましたし、私自身も公立や国立の学校に通いました。高校と大学では日本育英会の奨学金《しょうがくきん》をもらいましたし、塾《じゅく》にも通わず、家庭教師も付けませんでした。そういう意味で、お金をかけられない生活ではあったのです。

ただ、私は、そういうことについて、あまり気にはなりませんでした。母が、食事だけは、きちんと用意してくれていたため、気にならなかったのです。

事業に成功し、金銭的《きんせんてき》にも豊《ゆた》かになる道とは

私は「貧しさ」というものについては、だいたい理解をしているつもりです。

そして、「貧しい状態から出発し、どのようにすれば成功するのか」ということ

は、私にとって、青春時代の一つのテーマでした。

したがって、「成功する人たちは、どこが、どう違《ちが》うのか。どのようにして、事業的成功や金銭的《きんせんてき》成功を得ているのか」ということを自分で研究していました。「彼らは、いったい何が違うのか。考え方がどう違うのか」というところを見ていたのです。

その結論は、「できるだけ多くの人の支持《しじ》を集める仕事をする」ということでした。

多くの人に喜んでもらう仕事をすることが、結局は、事業に成功し、金銭的にも豊《ゆた》かになる道なのです。どのような仕事であれ、事業的にも金銭的にも成功する道は、多くの人に喜んでもらえるような仕事をすることにあるわけです。

そうした仕事をするためには、やはり、元手になるものが要《い》ります。それはコツコツとした努力の蓄積《ちくせき》です。そういう元手になるものがなければ、多くの人に喜んでもらう仕事はできません。

「どのような道に進むにしても、やはり、修行《しゅぎょう》なり、修練なり、努力なりが必要である。そういう、きちんとした積み重ねがあれば、他の人以上のよい仕事ができるようになる」ということを、私は若《わか》いころに気づいたのです。

もう一つ、「事業に成功するか失敗するかの分かれ目は、『物事の大小が見えるかどうか』にある」ということも分かりました。

つまり、「幹《みき》と枝葉《えだは》の違いが見える」ということが、経営者になれる人となれない人の違いです。経営者には、「幹を残して枝葉を切る」ということが瞬時《しゅんじ》にできるタイプの人が多いのです。

さらに、「チャンスに強い」という点も重要です。「機を見るに敏《びん》」であり、「ここぞ」というときには勝負をかけるが、そうでないときには、リスクを避《さ》け、護りをしっかりと固めることができる。しかし、チャンスと見たら、勝負をかけていく。だいたい、こういう人が経営者や事業家になっていくタイプです。

要するに、「大胆《だいたん》さ」と「細心さ」の両方を持っていなければ成功しないのです。そのようなことも勉強しました。

大病も何度か経験《けいけん》している父

「貧」と「争」について述べましたが、父には「病」の経験《けいけん》もありました。

父は、私が生まれたころに大病をして、一年ぐらいサナトリウムに入っていました。当時は結核《けっかく》が流行《はや》っていた時期であり、父も結核になったのです。

それは昭和三十年代に入ったばかりのころであり、まだ食糧事情《しょくりょうじじょう》があまりよくなかったのでしょう。当時、結核にかかる人はまだまだ多く、たいていの場合、栄養失調が原因《げんいん》でした。

父も栄養状態が悪い上に、事業の心労が重なって倒れたのだと思います。

そのときに、一度、倒れましたが、私が大学に入ったころに、胃潰瘍《いかいよう》で、もう一度、倒れています。

もちろん、年を取ってからは、いろいろと病気をしていましたが、最後には、病気で亡くなりました。

以前、『私にとっての人生の問題集』（宗教法人幸福の科学刊）にも書きましたが、私が幸福の科学を一九八六年に立宗《りっしゅう》する数年前、父は、幸福の科学がなかなか始まらないので、焦《あせ》っていました。

そのうちに、自分の定年退職の時期が来たため、私の兄と徳島県で塾を始めたのですが、三年ぐらいで、借金を残して潰してしまいました。父は二度も事業に失敗して、「事業というものは、うまくいかないものだ」と実感したようです。

それは失敗ではあったのですが、ある意味では、よいことでもありました。父が塾の経営で失敗したため、私は、「幸福の科学は私が運営します。会員に精神論を述べてくださってもよいけれども、実務運営《じつむ》についてては口を出さないでください」と言うことができ、実際《じっさい》にそうなったからです。

「実務運営を私の考えで行えるようになった」という意味では、「父の失敗そのものが悪かった」とは必ずしも言えない面もあるわけです。

父は「勇気」と「行動力」の人だった

以上、述べてきたように、父は「貧・病・争」を一通り経験しています。

また、私の親や兄弟、親戚《しんせき》等を見ても、うまくいかなかった人はかなりいました。

そのため、常に私は観察者でした。親や兄弟、親戚、近所の人など、いろいろな人を、観察者の目で、じっと見ていたのです。「物事の本質は何なのか」「法則《ほうそく》と言えるようなものはあるのか」「なぜ、そうなったのか」という目で、いつも、いろいろな人の人生を見ていたわけです。

それは「縁起《えんぎ》の理法」そのものです。私は、いつも、「なぜ、この人は、そうなったのか。何が、どうなって、そうなったのか」ということを深く考えていたのです。

父は、「波瀾万丈の人生を生きた」ということを誇《ほこ》りに思い、それを自慢《じまん》することもずいぶん多かったのですが、私の目で分析《ぶんせき》すると、「焦りやすい性格であった」「少し焦る傾向《けいこう》があった」と思います。

もう少し我慢《がまん》して、智慧《ちえ》をもう一練りすればよいのに、父には、どうしても、焦って行動してしまうところがありました。それが、うまくいかなかった理由のように見えたのです。

ただ、そのことの半面を長所として見れば、やはり、「父は勇気と行動力がある人だった」と思います。今の私ぐらいの年齢の父を思い出し、私と比較《ひかく》してみると、「勇気や行動力などの面では、父には、なかなかすごいものがあった」と、いまだに思っています。

父は非常にバイタリティーに溢《あふ》れていました。実際は、若いころに大病をして、普通の人よりも体は弱かったはずなのに、ものすごくバイタリティーのある人でした。自分で自分を励《はげ》まして行動していたのです。

2 失敗を恐《おそ》れず、勇気を持って行動しよう

父の遺言《ゆいごん》によって発刊《はっかん》された『勇気の法』

私の著書『勇気の法』（幸福の科学出版刊）の「あとがき」では、父について触《ふ》れています。

父は、二〇〇三年八月十二日に亡《な》くなりましたが、私が父と最後に話をしたのは、その半年ほど前だったと思います。

電話で話をしたのですが、その会話の最後のほうで、父は、「『勇気の法』を出さなければ駄目《だめ》だ」ということを私に言いました。「『勇気の法』が要《い》る。幸福の科学には『勇気の法』がない。法シリーズとして、『勇気の法』を出すべきだ」と言っていたのです。

そのとき、私は、「『勇気』というテーマだけでは、なかなか一冊《さつ》分は書けない」と言った覚えがあります。

しかし、それが父の遺言《ゆいごん》になったため、「何とかして『勇気の法』を書かなければいけない」と思い、しばらく、そのテーマについて考えていました。

そして、二〇〇七年あたりから、「勇気」についての法話《ほうわ》をし始め、二〇〇九年の年初に『勇気の法』を発刊《はっかん》することで、やっと遺言を果たせたわけです。

今にして思えば、「やはり、勇気というものは、そう簡単《かんたん》に出せるものではない」ということを感じます。

特に、人間は、年を取れば取るほど、慎重《しんちょう》になったり、臆病《おくびょう》になったり、控《ひか》えめになったりします。若《わか》いうちであれば、多少、失敗しても、元気に行動できることもあるのですが、人生経験《けいけん》が豊富《ほうふ》になると、当然、失敗経験が増《ふ》えてきたり、他《た》の人の失敗をたくさん見たりするため、だんだん臆病になり、慎重になってくるのです。その結果、勇気がなくなってきます。

したがって、「四十代、五十代、六十代になっても、まだ勇気がある」というのは大したことだと思います。

自分の父が、その年代でも勇気のある人だった姿《すがた》を見てきて、「『勇気がある』というのは大切なことだ」と感じました。

結局、父が私の仕事を見ていて不満だったところは、実は、そこだったのでしよう。

ミスを恐《おそ》れると勇気がなくなる

これは、私だけではなく、当会の職員《しょくいん》にも言えることです。

特に、東京大学の卒業生を見ると、みな、だいたい慎重で緻密《ちみつ》であり、ミスを恐《おそ》れる傾向《けいこう》を持っています。もちろん、これは東大だけではありません。他の大学でも、秀才《しゅうさい》と言われる人たちは、だいたいそうです。医学部の卒業生にも、そういうところはあります。みな、ミスを恐れる傾向があるのです。

それは、いつもテストで減点《げんてん》され、嫌《いや》な思いをしてきたからです。いつも満点を取ることを考えていて、点を引かれることを嫌うため、ミスを恐れる傾向が出てくるわけです。

東大の卒業生には優秀《ゆうしゅう》な人が多いのですが、「一つだけ弱点を挙げよ」と言われれば、やはり、勇気がないことです。彼らを見ていると、勇気がありません。彼らに勇気がない理由は、ミスや失敗を恐れることです。要するに、自分の名《めい》誉《よ》が傷《きず》つくことが怖《こわ》いのです。「失敗した」と言われるのが嫌なのです。彼らは、ほめられることには慣《な》れているのですが、「あいつは失敗した。ここをミスした」などと言われるのが嫌なため、ミスをしそうなことには手を出さないのです。

したがって、東大の卒業生は、官僚《かんりょう》や研究者、学者などには向いています。しかし、東大出身でベンチャー起業家になるような人は非常《ひじょう》に少ないのです。そういう人は、なかなか出てきません。

宗教《しゅうきょう》を「ベンチャー」と言ってよいかどうかは分かりませんが、東大の百数十年の歴史のなかで、宗教の開祖《かいそ》になったのは私が初めてです。

また、企業《きぎょう》を見ても、東大出身の起業家は、リクルートの創業者《そうぎょうしゃ》である江副《えぞえ》氏と、いわゆるホリエモン、堀江《ほりえ》氏ぐらいです。

ホリエモンは卒業していませんが、東大の宗教学科にいたそうです。ただ、宗教学科に籍《せき》を置いていても、学校には行かず、会社を経営《けいえい》していたらしいのです。結局、彼は卒業していないので、どこかの時点で東大から放り出されているはずです。

東大出身の起業家は、この二人ぐらいしかいません。私も入れれば三人になりますが、ほとんどいないのです。

ベンチャー企業などを起こすには、勇気やチャレンジ精神《せいしん》が要るので、起業というのは、東大出身者には、あまり向きません。彼らは、大きな企業や安定したところ、出世が確実《かくじつ》なところに行きたがります。あるいは、資格《しかく》が必要なところに入りたがる傾向があります。

彼らには、そういう弱点があるわけです。

宗教《しゅうきょう》における「勇気の源泉《げんせん》」は信仰《しんこう》

父からすれば、私は、ずいぶん慎重に見えたことでしょう。いつも、いろいろなことを慎重に詰《つ》めているように見えたはずです。それが物足りなかったのだろうと思います。

確《たし》かに、人間は、失うものや護《まも》るべきものが多いと、慎重になったり、保守的《ほしゅてき》になったりしがちです。やはり、物事を大胆《だいたん》に進めるには勇気が要りますし、そういうときには反対も多いのです。

当会には優秀な人が多いため、「これから、勇気を出さなければいけない局面がたくさん出てくる」と言っておきたいと思います。

特に、新しい宗教《しゅうきょう》が日本全国に広がり、世界宗教になるためには、どうしても勇気が必要です。過去《かこ》の宗教者を見ても、名が遺《のこ》っている人は、みな、勇気の塊《かたまり》のような人ばかりです。

新しい教えが説かれると、最初は異端《いたん》や邪説《じゃせつ》に見えることが多いのです。「旧《きゅう》来《らい》の教えでもよかったのに、なぜ新しいことを言うのだ」という理由で迫害《はくがい》されます。

日本の仏教《ぶっきょう》でも、新しい宗派《しゅうは》が、朝廷《ちょうてい》などから迫害されることがありましたし、比叡山《ひえいざん》や奈良《なら》仏教などの旧仏教から迫害されることも、繰《く》り返し起きました。

これは人間の性《さが》です。人間には、「すでにあるものをよしとし、新しいものに対しては警戒《けいかい》して、まずは弾圧《だんあつ》や迫害を加える」という傾向があるのです。

その弾圧や迫害を乗り越《こ》えて、やり抜《ぬ》いた者のみが、名を遺していると言えます。

例えば、今、浄土真宗《じょうどしんしゅう》は公称《こうしょう》で一千万信徒を誇《ほこ》っています。

しかし、蓮如《れんにょ》が京都の本願寺《ほんがんじ》で活動していたとき、比叡山から繰り出してきた僧兵《そうへい》に焼き討《う》ちをかけられ、彼は命からがら逃《に》げ出しています。そして、琵琶湖《びわこ》周辺を転々としたあと、北陸に移《うつ》っています。

そのような宗派が、そのあと、あれだけ大きくなったのです。これは信じられないことです。寺を焼かれて逃げた宗派が、しばらくして戦国の世になると、今度は、織田信長《おだのぶなが》など多くの戦国武将《ぶしょう》と戦うような勢力《せいりょく》になったわけです。これは不思議です。

結局、勇気を強めるものは何でしょうか。一般論《いっぱんろん》としては、勇気の源泉《げんせん》は信念でしょう。しかし、宗教においては、信念というより、信仰《しんこう》そのものが、勇気の源泉かもしれません。

3　たくましく生きるための方法

ポイント①――人生の「壁《かべ》」を打ち破《やぶ》れ

最後に、たくましく生きるためのポイントについて述《の》べましょう。

一つは、人生における「壁《かべ》」を打ち破《やぶ》ることです。

人生には何度か必ず壁が出てきます。この壁に閉《と》じ込《こ》められてしまわないように、壁を打ち破らなければいけないのです。

壁は必ず出てきます。その人の職業《しょくぎょう》や年齢《ねんれい》、家族構成《こうせい》など、立場相応《そうおう》の壁が何らかのかたちで出てくるのです。壁が出てこない人などいません。「この壁を、どのようにして壊《こわ》すか」ということが大事なのです。

「どのような壁が現《あらわ》れるか」ということは、一人ひとり、全部、違《ちが》います。例えば、すべての人に、「信仰《しんこう》に基《もと》づく伝道をしよう」と声をかけても、現れる壁の種類は人によって違います。みな、それぞれ違う壁が出てくるはずです。何とか、その壁を打ち破ってください。これは各人の問題です。

ポイント②――「復元力《ふくげんりょく》」を身につけよ

たくましく生きるために、もう一つ大事なのは、「復元力《ふくげんりょく》」というものを身につけることです。

人生には、失敗したり、叩《たた》きのめされたり、打ちのめされたりすることもあります。

また、日本人全体の特徴《とくちょう》として、出る杭《くい》は打たれます。

そして、誰《だれ》であろうと、打ち込まれたら沈《しず》みます。それは、「失敗する」「挫折《ざせつ》

する」「人の評価《ひょうか》が下がる」ということでもあります。侮辱《ぶじょく》されたり、罵倒《ばとう》されたりして、いったん沈むわけです

しかし、「そこから復元してくる。もう一度、立ち上がってくる」という復元力を持つことが大事なのです。

あまり自覚はないのですが、会社に勤《つと》めていたころ、私は、先輩《せんぱい》たちから、「いくらやっつけても立ち上がってくる、不思議なやつだ」と言われていました。まるで「起き上がり小法師《こぼし》」のような言い方ですが、自分でも「そうかな」と思っていました。

「あれだけやっつけたのだから、シュンとなって、おとなしくしているだろう」と思ったのに、しばらくしたら、また元気にやっている」という感じでしょうか。

会社の先輩たちは、「あれだけ言ったら、普通《ふつう》は立ち直れないはずだ。シュンとなって、おとなしくなり、使いやすい人間になるはずだ」と思って、叩いてい

たわけです。

要するに、「部下を何度も叩いて、上司の言うことをよくきく、おとなしい人間にする」ということが会社の目的なのです。

そのため、新入社員は、最初の何年間かは、上司から叩かれ、おとなしくさせられます。「出る杭は打たれる」というように、上司は部下をポンポンと打ち、上司の言うことをよくきいて、「はい、分かりました」と黙《だま》って行動するような人間にしつけたいのです。

会社の先輩たちは、それを目的として、一生懸命《いっしょうけんめい》、後輩を叩きのめしにかかるわけです。

私は、そんなことが理由だとは知らなかったため、先輩たちに何かガツンと言われると、「そうですか。失敗しましたか」「私が悪かったのですか。言葉が過《す》ぎたのでしょうか」などと言って、一瞬《いっしゅん》、反省してみせるのですが、週が明けると、また元気になっていました。

そのため、先輩たちから、「徹底的《てっていてき》にやっつけたと思ったが、この一年で、ますます元気になっている。懲《こ》りないやつだ」というような言い方をされていました。

「出る杭は打たれる」ではありませんが、そうやって上司が部下を馴《な》らしたり、おとなしくさせたりするのは、部下として使いやすくするためなのです。普通は、そういうことです。

しかし、叩いても叩いても出てくる杭というのは、やはりあります。

本当は、そういう人がリーダーになるべきなのです。叩かれると、おとなしく地面の下に打ち込まれてしまうような杭は、部下になることには向いていますが、リーダーには向いていないのです。

「絶対《ぜったい》に、やっては駄目《だめ》だ」と何度言われても、「いや、そうは言っても、やりたい。最後は、私一人の責任《せきにん》になってもやりたい」と言って出てくるのが本当のリーダーです。打たれて引っ込むぐらいの杭では駄目なのです。

最後までやってのける力強さを

当会は、かなり組織《そしき》が大きくなってきたため、信者のなかには、周りの人をキョロキョロと見たり、上の立場の人を見たりして、「どうやればよいのか」「怒《おこ》られるのではないか」などと思って躊躇《ちゅうちょ》する人もいるでしょう。

しかし、批判《ひはん》されてもよいのではないでしょうか。あまり、人にほめられることばかりを考えないことです。

教団《きょうだん》にとってよいと思うこと、あるいは、本来の伝道の使命、ミッションから見て、「これは、自分がやらずして誰がやるのか」と思うようなことがあったならば、怒られても、叩かれても、批判されても、悪口を言われても、行うべきです。「自己顕示欲《じこけんじよく》だ」「独走《どくそう》だ」「人の言うことをきかない」「三宝帰依《さんぽうきえ》に違反する」などと言われても、行うべきなのです。

「自我我欲や利己心のためではない。どう考えても、これは教団にとって絶対によいことだ。私はやりたい。その思いが、どうしても収《おさ》まらない」という場合には、それを断行《だんこう》してください。そして、打たれても打たれても頭をもたげてくるような「復元力」を持ってほしいのです。

総裁《そうさい》である私がそういう人間であったのですから、信者のみなさんがそうであっても、別におかしくはないわけです。

しかし、そういう人ばかりだと、一般的《いっぱんてき》には、組織がまとまらなくなるため、いわゆる〝学級崩壊状態《ほうかいじょうたい》〟が起きるかもしれません。

学校では、学級崩壊が起きると、副担任《ふくたんにん》を付けたりして、教員を増《ふ》やします。問題児が多い学級だと担任一人ではもたないため、教員を増やすのです。

そのため、そういう人は、実際《じっさい》に〝問題児〟ではあるのでしょう。しかし、〝問題児〟であることを自覚しつつも、「〝問題児〟がいないよりは、自分がいることによって、全体としては確実《かくじつ》によくなっている」というような結果を出すことが大事なのです。

したがって、たくましく生きるには、「最後は結果を出す。最後までやってのける」という力強さが必要です。そういう力強さを持ってください。

以上、「人生において現れてくる壁を打ち破れ」「復元力をつけよ」ということを述べました。

復元力とは、「どれだけ早く立ち直れるか」ということです。めげても、めげても、またすぐ元気になり、明朗闊達《めいろうかったつ》というか、明るい気持ちになってくる力です。この復元力は非常《ひじょう》に大事です。これがあれば、たくましく生きていくことができるでしょう。

本章では、「壁を破れ」「復元力を持て」という二点を、ぜひ述べておきたいと思います。

第3章

心の成熟《せいじゅく》について

1　宗教《しゅうきょう》の目的は「人間としての成長」

人間として大きくなれば、悩《なや》みは小さく見えてくる

本章では、「心の成熟《せいじゅく》について」というテーマで述《の》べていきたいと思います。宗教《しゅうきょう》の目的は何であるかというと、それは、結局、「人間としての成長」です。「人間としての成長を促《うなが》す」ということが大事なのです。

私は、みなさんが、人間として成長していくことを願っています。人間として成長することによって、今、大きなものに見えている、人生の諸問題《しょもんだい》、さまざまな困難《くなん》や挫折《ざせつ》、苦しみなどを乗り越《こ》え、解決《かいけつ》していくことができるようになるからです。

その解決とは、「その問題自体の答えを見つける」ということでもありますが、「みなさん一人ひとりが、もう一段《いちだん》、大きくなることによって、問題が相対的に小さくなる」という面もあるのです。

あなたが人間として大きくなれば、問題は小さく見えます。悩《なや》みがない人は、おそらくいないでしょうし、問題を持っていない人もいないでしょう。

ただ、もし私があなたの立場であったとしたら、あなたとは考え方が違《ちが》うので、違ったことを感じ、違ったかたちで問題を解決するはずです。あなたの持っている問題について、「大川隆法ならば、自分とは違う考え方をし、違う解決の仕方をするだろう」ということは、おそらく、あなたにも想像《そうぞう》がつくでしょう。

そのように、それぞれの人が、わりに小さな問題で悩んでいるのです。「全体的なレベルや、もっと大きな問題から見たら、遥《はる》かに小さな問題について、個人《こじん》のレベルで悩んでいる」というのが現状《げんじょう》です。

「自分」という枠《わく》を超《こ》えることができないかぎり、小さな問題から逃《に》げることはできないのです。問題から逃《のが》れられない理由は、「自分」という小さな枠から、どうしても出られないことにあります。

自分というものを、他の人と分かれた存在であり、また、世界と分かれた小さな存在《そんざい》であると思っていて、その枠から出ることができないために、問題を解決できずにいるのです。

したがって、この「自分」という枠を打ち破《やぶ》らなければいけません。

自分を小さく閉《と》じ込《こ》めてしまう心の態度《たいど》とは

それでは、どうすれば、その枠を打ち破れるのでしょうか。

「そもそも、この自分の枠は、いったい何からできているのか。何によって、この枠は存在しているのか」ということを考えてみてください。それは一種の自《じ》己限定《こげんてい》ではないでしょうか。

その自己限定は何から来ているかというと、自己中心主義《しゅぎ》、自己本位の考え方から来ているのです。

悪いほうの言葉で言えば、それは「自己保存《ほぞん》」ということになります。この自己保存は動物にも見られる姿《すがた》であり、彼らは自分の生命の危機《きき》を敏感《びんかん》に感じ取ります。動物たちは、「自分は食べられるかもしれない」という恐怖心《きょうふしん》を持っているので、何に対しても、まず警戒《けいかい》して、自分を護《まも》ろうとします。パッと立ち止まり、すぐに逃げられるように準備《じゅんび》をします。

これが自己保存の姿ですが、人間の場合も、そういう部分は多分にあります。

他人を見れば、「もしかしたら、自分を害するかもしれない」と思うところがあります。他人が敵《てき》に見え、「自分を害そうとしているのではないか」「自分のことをほめてくれるように見えるが、もしかしたら、裏《うら》があるかもしれない」などと思い、誰《だれ》も信じることができないことがあります。

なかには、家族さえも信じられない人もいます。夫も妻《つま》も、息子《むすこ》も娘《むすめ》も信じられないような小さな世界に自分を閉《と》じ込《こ》めてしまい、自分の本来の力を解放することができない人もいるのです。

問題が大きく見えて、身動きが取れなくなる本当の理由は、「実は、自分のことを考えすぎる心の態度《たいど》にあるのだ」ということを知らなければなりません。自分自身のことを考えすぎているのです。

2　自分の気持ちを考えすぎないこと

いつも「自分」が主語になっていないか

そこで、私は、みなさんが心の成熟《せいじゅく》を果たすための心構《こころがま》えを、三点ほど述《の》べたいと思います。

一点目は、「自分の気持ちを考えすぎない」ということです。

人間は、すぐに自分の気持ちを考えてしまいます。「自分が傷《きず》ついたかどうか」「自分は幸福なのか、不幸なのか」「自分は、どうなのか」というように、主語が自分になりがちなのです。「私は」「僕《ぼく》は」と、まず主語が自分になり、「自分は、どうか」ということを考える癖《くせ》があるならば、少し、この主語を変えて、その主語のところに、ほかの人を置いてみてください。

あなたが、「自分の不幸の原因《げんいん》になっている」と思う人を主語に持ってきて、その人の立場から考えてみていただきたいのです。

「私が不幸なのは主人のせいだ」「私が不幸なのは息子《むすこ》の出来が悪いせいだ」などと、いろいろな原因はあるでしょう。

しかし、「私が、私が」という思いが何度も出るのであれば、少し考え方を変えて、「主人は、私のことを、どう思っているのかな」「息子は、私のことを、どう見ているのだろう」と考えてみてください。「私は、私は」という主語の部分を少し変えて、人の気持ちを考えてみることが大事です。

他人の気持ちを考える時間を増《ふ》やそう

人間は、自分中心に物事を考えているうちは、なかなか幸福になれません。

「自分が傷ついたかどうか」「自分が不幸かどうか」ということを思っている間は、実は幸福になれないのです。

幸福な人は、自分自身のことを考えている時間が短くなってきます。真に幸福な人は、一日中、自分のことなどはまったく考えていません。夜、寝《ね》るころになって、ふと気がつくと、「今日は、自分のことを考えなかったな。『私は』という主語で一度も考えなかったな」と思う人は、かなり幸福な人です。

「○○さんは、どうだったかな」「あの人は、どうなったかな。うまくやれたかな」などと、ほかの人のことを考え、その人をよくしていこうと考えている人は、幸福な人なのです。

その反対に、一日中、自分のことを考えている人は、不幸な人です。

「自分を護《まも》りたい」という気持ちは誰《だれ》にもありますが、自分が主語になっている人は、残念ながら、あまり幸福ではありません。自分自身のことを考える時間を短くして、ほかの人のことを思いやる時間を増《ふ》やすことが大事です。

他の人の気持ちを考える時間を少し増やしてください。「自分が傷ついた」というようなことを、どれだけ長く考えても、幸福にはなりません。

自分も他人を傷つけたことはあるはずなのに、そちらのほうは考えずに、自分が傷つけられたことばかりを考えている人は、不幸な人です。「自分が傷つけられたことなどは、もう、どうでもよい。しかし、あのときに、私があの人を傷つけたことは、いけないことだった」と考える人のほうがよいのです。

そのように、まず、「自分中心の感じ方をすることが多いならば改めましょう」ということです。

これが一点目に言っておきたいことです。

3　価値観《かちかん》の多様性《たようせい》を認《みと》める

人間はワンパターンの考え方をしやすい

二番目の心構《こころがま》えは、「価値観《かちかん》の多様性《たようせい》を認《みと》める努力をする」ということです。

人は、みな、自分にとって都合のよい価値観のみを信奉《しんぽう》したがる傾向《けいこう》を持っているので、価値観の多様性を認めるためには努力が必要です。

これは一番目の心構えともつながりますが、人間は、必ずと言ってよいほど、ワンパターンのものの考え方をします。

人間には、いろいろな種類の人がいますし、いろいろな考え方や生き方があります。蝶《ちょう》であっても、いろいろな種類があります。それにもかかわらず、ワンパターンの考え方をし、「これがいけない。あれがいけない」ということばかりを言う人がいます。

例えば、時間に厳《きび》しくて、とにかく時間が気になってしかたがない母親であれば、「子供《こども》が時間どおりに動かない」ということが絶対《ぜったい》に許《ゆる》せません。それ以外の部分に、いくらよいところがあっても、時間どおりに動かない子供は許しがたく、そのことを延々《えんえん》と責《せ》め続けます。

そういう母親は、自分自身が時間どおりにピシッと行動しないと気が済《す》まないタイプであるため、子供も、そのように動かないと、絶対に許せないのです。子供が勉強でよい点を取ろうが、部屋の整理がきれいにできていようが、学校でほめられようが、友達が多かろうが、先生に何を言われようが、関係ありません。自分が時間を気にする人間なので、子供が時間を守らないことを絶対に許せないわけです。

そういう人は、ご主人に対しても、同じようなことを当てはめようとします。そのように、一つのものの見方で、すべてを見ようとする傾向が、人間には出やすいのです。ところが、自分では意外とそれに気がついていないことが多く、それが自分の生き方だと思っているため、その生き方で、ほかの人を裁《さば》こうとします。

しかし、人を裁くのを少し待って、「人間には違《ちが》いがあり、世の中には、いろいろな人がいる」ということを考えてみてほしいのです。

今の子供の例で言えば、「確《たし》かに、時間に関しては、いいかげんなところがあるかもしれないが、この子には非常《ひじょう》に人付き合いのよいところがある。この人付き合いのよさが、少し時間を破《やぶ》ったりすることにつながっているのだな」という見方もあるでしょう。

そのように、「多様なものの見方ができるようになり、いろいろな人間の長所を受け入れることができるようになる」ということは、実は、人間としての成長なのです。

自分とは違《ちが》う考え方にも値打《ねう》ちを認《みと》めよう

人と人とがぶつかり合う原因《げんいん》のほとんども、ここにあります。多様な価値観や多様なものの見方を、どうしても受け入れられず、「自分流の考え以外は認《みと》めたくない」という気持ちが非常に強いわけです。

嫁《よめ》と姑《しゅうとめ》の関係においても、そういうことがあります。

姑は、たいてい頭が固くなっているので、「世の中には、こういう嫁もいるのだ」ということを、なかなか認めようとはしません。「うちの嫁だけが変わっているわけではなく、時代が三十年も下《くだ》れば、こういう嫁は、ざらにいるのだ」ということを受け入れられないのです。

普通《ふつう》の人であれば、もう少し、世間の人を見たり、テレビドラマなどを見たりすれば分かることなのですが、姑は、「テレビドラマはテレビドラマであり、うちの嫁はうちの嫁である」と考えます。テレビドラマに、いろいろなタイプの嫁がいくら出てきても、自分の家庭とは結びつかず、「言うことをきかない嫁」としか見えないところがあるのです。

そのように、価値観が固まってきやすいので、かなり努力をして、「自分とは違《ちが》う考え方や、自分が好きではない生き方のなかにも、人間らしい生き方や、値《ね》打《う》ちのある生き方は、あるかもしれない」と考えることが大事です。

自分の長所が、人を裁《さば》く材料になりやすい

特に、自分自身の慰《なぐさ》めや自慢《じまん》の原因になっている長所の部分が、人を裁《さば》く材料となり、そうでない人をいじめる原因になりやすいのです。

気をつけないと、自分が幸福になった原因が、今度は不幸をつくる原因になりかねません。

例えば、わが家もそうなのですが、「両親が東大を出ている」ということは、子供にとって必ずしも幸福なことではないのです。

よその子から見ると、「両親が東大を出ていて、よかったね。それなら、生まれつき頭がよいだろうから、楽に勉強ができるでしょう」と、普通は思いますが、子供の側からすると、たまったものではないようです。常に、「親よりも出来が悪い」と言われそうな感じがして、とてもプレッシャーがかかります。「どのようにして、このプレッシャーから逃《のが》れるか」という、思わぬ苦しみがあるのです。

そのため、親が自分と同じ価値基準《きじゅん》だけで子供を見ようとすることには、やはり無理があります。子供をいろいろな目で見てあげる必要があるのです。

例えば、「この子はスケールが大きい」「この子は、親とは違って、あまり話さないが、沈思黙考型《ちんしもっこうがた》で、何か深いところがある」「この子には企画力《きかくりょく》がある」など、多様な見方をしてあげることが大事です。

親のコピー版《ばん》ばかりを求めたら、窮屈《きゅうくつ》で苦しくなります。「子供が自分の思うようにならない」ということばかりを言って責めると、子供も苦しいのですが、親のほうも苦しいのです。

多様な価値観《かちかん》を受け入れることは、人間としての成長

心して、できるだけ多様な価値観《かちかん》を受け入れるようにすることが大事です。それは、人間としての一つの成長であり、成熟《せいじゅく》なのです。「いろいろなものを受け入れる」という気持ちを持たなければいけません。

この部分で家庭争議が起きている家庭は、かなり多いはずです。

例えば、父親だけが高学歴の家庭でも、家庭争議はけっこう起きており、その

場合には、子供だけでなく、母親がいじめられることもあります。また、両親とも高学歴の場合は、子供には逃《に》げ場がなく、怠《なま》け者扱《あつか》いをされる可能性《かのうせい》が高いのです。

しかし、それぞれの子供を別の目で見れば、親にないものを持っていることがよくあります。そして、親がそのように考えると、子供のほうも態度《たいど》が変わってくることがあるのです。

親と同じモノサシで測《はか》られたのでは、子供はたまりません。親のほうが年を取っているため、子供には、親がいろいろな面で進んでいるように見えるのですが、親が子供と同じ年代だったときと比《くら》べたら、実際に親のほうが進んでいるかどうかは、分からないところがあるわけです。

親は自分の記憶《きおく》を美化していることが多い

親は、子供と同年代のときの自分を、美化して見ていることが多いものです。どの親も、「子供のときに、自分は、こういうことができた。ああいうことができた」ということを自分の子供によく言うのですが、それは誤解《ごかい》であり、本当は違っていることが数多くあります。

親は、自分の子供時代について、美しい記憶《きおく》だけが残っていて、失敗したことや駄目《だめ》だったことのほうは忘《わす》れているものなのです。そのため、親の両親である祖父母《そふぼ》から、全然違うことを孫に言われて、親がシュンとなってしまうようなことは多いのです。

私の子供たちも、四国にいる私の母のところへ遊びに行くと、元気になって帰ってきます。普段、私は、子供たちに、「お父さんは、子供のころ、まじめで勉強ばかりしていた」と言っているのですが、母に言わせると、私の記憶とは違うようなのです。

母は、孫たちに対して、「あなたたちのお父さんは、あまり勉強していなかった。遊んでばかりいて、日が暮《く》れるまで帰ってこなかった」などと言います。そう言われると、「そうだったかな。もしかしたら、そうだったかもしれない」という気もします。

さらに、私の母は、「あなたたちのお父さんは、野球をしに出掛《でか》けていったとき、途中《とちゅう》でオタマジャクシを見つけ、野球帽《ぼう》でオタマジャクシをすくって、家に持って帰ってきたことがあった」などと、私の記憶の断片《だんぺん》にもないことを孫に向かって言うので、私は困《こま》るわけです。

私の記憶には残っていないことなので、真実がどこにあるかは、もう分かりませんが、母の言っていることが正しいのかもしれません。

また、私は、「自分は、一年中、亀《かめ》のごとく、よく勉強をしていた」と思っており、著書にもそのように書いてあるのですが、母の記憶によれば、「あなたたちのお父さんは、テストの前しか勉強していなかった。テストの前は部活が休みになるので、そのときだけは勉強していたが、あとは、していなかった」と言うのです。

そこで、よく思い出してみると、「そういえば、月曜日から土曜日まで部活があり、日曜日は試合に行っていたな。そうすると、いつ勉強していたのだろうか」と思ったりします。

しかも、私は高校三年の夏休みまで部活を続けていました。これは東京などでは完全に体育会系《けい》の生徒でしょう。私は、今まで、自分を体育会系だと認識《にんしき》したことはなかったので、意外でした。そのくらい認識がずれるのです。

そして、私の母は、孫たちに対して、「あなたたちのお父さんは、勉強がよくできたけれども、それは頭のなかが空《から》っぽだったからだ。小学校時代は遊んではかりいたし、中学校時代はテニスばかりし、高校時代は剣道《けんどう》ばかりしていて、頭のなかが空っぽだったので、いくらでも知識が入ったのだ」と、目茶苦茶なことを言います。

そのように言われると、そういう気がしなくもありません。私は、中学校に入ったあたりから、急に頭がよくなったような気がしました。

「勉強すれば、どんどん頭に入り、何でも覚えられる」という感じだったので、自分でも、「ずいぶん頭がよくなったな」と思ったのですが、「あれは、実は頭のなかが空っぽだったから、いくらでも知識が入ったのかもしれない」と、母の言葉に納得《なっとく》する面もありました。

東京などの子供は、小学校一、二年のときから塾《じゅく》に通い始め、「勉強、勉強」で頭に詰《つ》め込《こ》んでいるため、頭のなかはいっぱいで、もうパンパンになっています。中学に入る前から、そういう状況《じょうきょう》なので、そのあと大学に辿《たど》り着くまでが大変でしょう。

心を開き、白紙の目で見る

そのように、ものの見方は、人によって大きく違うものなので、「真実を見る」ということは簡単《かんたん》ではありません。

したがって、どうか、「いろいろな見方ができるのだ」ということを知って、子供のよいところを認めてあげてください。

私にして、これだけ難《むずか》しいのですから、おそらく、世の親たちも同じような過《あやま》ちを犯《おか》しているに違いありません。親として子供を育てる立場になったら、「お母さんは、こうだった」「お父さんは、こうだった」と子供に言うのでしょうが、たいていは事実と違っています。祖父母から見たら、違っているのは、ほぼ確実です。

親には、間違った基準によって、子供を裁いたり、いじめたりすることがよくあり、それが家庭の不幸を招《まね》いていることは多いのです。

また、奥《おく》さんの、ご主人に対する態度にも、意外に間違いがあるかもしれません。客観的な観点から、ご主人の欠点を責めているつもりでいても、実際は、「昔の彼氏《かれし》と比べて言っているだけだった」ということもあります。

奥さんは、昔、自分が憧《あこが》れていた彼氏と比べて、ご主人を裁いているわけですが、昔の彼氏のことなど知らないご主人にとっては、いい迷惑《めいわく》です。もし、ご主人がそのことを知ったら、「おれには関係がないではないか」と言いたいところでしょう。

自分が、「絶対に間違いのないモノサシだ」と思い、人に当てはめて測っていても、それが間違っていることはよくあるのです。

どうか、もっと心を開き、「開けた目、白紙の目で見る」という努力をしてください。

他人の気持ちを考え、多様なものの見方をしよう

心の成熟のための心構えとして、ここまで述《の》べてきたことを整理してみましょう。

一番目には、「自分の気持ちを中心に考えず、人の気持ちについても考えるように努力しましょう。自分のことを考える時間を減《へ》らしましょう」ということを述べました。

二番目には、「価値観の多様性を認めましょう。いろいろなものの見方があることを認めましょう」ということを述べました。

そういう見方をしないと、世の中がギスギスして、親子や家族の関係も、仕事

や職場《しょくば》の人間関係も、友人関係も、うまくいかなくなります。あまり固定した目で見て人を裁き、戒律的《かいりつてき》に縛《しば》り上げてはいけません。

自分の子供について、「違った見方があるのだ。自分と同じようにならなくてもよいのだ」と思うと、気が楽になってきます。

ほかの人についても、自分のものの見方で裁いていることがよくあるので、どうか、考え方を変えてください。

4 「許《ゆる》し」の気持ちが幸福への近道

「許《ゆる》す」ということは宗教的《しゅうきょうてき》な境地《きょうち》

三番目の心構《こころがま》えは、「『許《ゆる》す』ということを、もっと考え、実践《じっせん》する」ということです。

これは二番目の心構えともつながるものですが、幸福に生きたいならば、「人を許す」ということが大事です。人を許すのは難《むずか》しいことですが、これは宗教的《しゅうきょうてき》境地《きょうち》なのです。

今の時代においては、「学校で勉強し、仕事で教わること」というのは、どうしても人を裁《さば》くほうに働きます。他の人に対して、「駄目《だめ》だ、駄目だ」と裁いていき、縛《しば》りをかけていくところがあります。

その意味で、二番目の心構えとして述《の》べたことと同様ですが、一定の価値基準《かちきじゅん》に基《もと》づいて、人を型にはめようとする傾向《けいこう》があるわけです。

やはり、「許す」ということにも努力が必要であり、自然には人を許せるようにはなりません。宗教的真理を知り、「許しというものには、本当に実体的な力があるのだ」ということを知らなければいけないのです。

相手を責《せ》めても幸福にはなれない

人間関係での、ぎくしゃくした問題やさまざまな不幸の原因《げんいん》のほとんどは、自分が誰《だれ》かを憎《にく》み続けていたり、誰かに対して怒《おこ》っていたりすることにあります。

そのように、自分の不幸の原因として誰かを当てはめていることが多いのです。

それは、ある意味で、半分は当たっているかもしれませんが、相手のほうは、おそらく、あなたとは逆《ぎゃく》のことを言って反論《はんろん》するはずです。

例えば、交通事故《じこ》で、自分の息子《むすこ》がダンプカーに轢《ひ》かれてしまったとします。それは不幸な事件《じけん》であり、親としては悔《くや》しいでしょう。「ダンプカーの運転手を刑務所《けいむしょ》に入れて、一生、出したくない」「裁判官《さいばんかん》は、二年や三年で刑務所から出られるような判決を出さないでほしい。無期懲役《ちょうえき》か死刑にしてほしい」というぐらいの憎しみが出てくると思います。子供《こども》を車に轢かれたりしたら、親の気持ちとしては、それが普通《ふつう》であり、憎しみが止まらないだろうと思います。

しかし、その憎しみは、自分を幸福にしない感情《かんじょう》です。「加害者の罪《つみ》をできるだけ重くし、できれば息子と同じように命を奪《うば》ってほしい」と裁判所に訴《うった》える気持ちは、相手の不幸を願うものだからです。

息子が亡《な》くなったことだけでも十分に不幸なのに、さらに自分自身をも不幸にしようとしているわけです。

そのダンプカーの運転手は、実は、若《わか》い青年であることもあります。そして、「長距離輸送《ちょうきょりゆそう》をしていて、夜も眠《ねむ》らずに九州まで行って帰ってきたところだった」などというように、かなり過酷《かこく》な労働条件《じょうけん》で働いているなかで、たまたま起きた事故であったりします。

そのように、トラックの運転手にも、かわいそうな面がある場合もあります。

また、その人にも家族があり、父母やきょうだいがいますし、その人の家庭にも、いろいろと恵《めぐ》まれない事情があるかもしれません。

しかし、息子を失った親の頭には、そのような考えは、まったくよぎりもせず、憎しみしか出てこないことが多いのです。自分を不幸にした者に対する憎しみが止まらず、それがずっと続いていきます。

しかし、許さなければいけません。この世の中は、それほど何もかもが整然とうまくはいかないものなので、努力して、どこかで許しの気持ちを持つ必要があります。

「もう恨《うら》み言《ごと》は言うまい。相手を責《せ》めても自分が幸福になれるわけではないから、もう責めまい。相手も苦しいのだから、許そう」という気持ちを持たなければ駄目なのです。

男女の問題でも「許《ゆる》し」の気持ちが大事

男女の問題においても同様です。

現代《げんだい》では、「昔の王子様とお姫様《ひめさま》のように出会い、人々に祝福されて結婚《けっこん》する」というようなケースは、ほとんどありません。

男女とも、三十歳《さい》前後で結婚することが多くなっていますし、もう少し遅《おそ》い人や結婚しない人もいます。あるいは、何度も結婚と離婚を繰《く》り返している人もいて、きりがないほど、さまざまな問題があります。

こうした男女の問題についても、やはり、許《ゆる》しの気持ちを持たなければいけません。

例えば、女性《じょせい》が男性に対して憎しみの気持ちを持っていると、その憎しみの感情は、男性に対する拒絶感《きょぜつかん》や恐怖心《きょうふしん》、男性不信のようなものとして表れてきます。

そのため、前とは違《ちが》うタイプの男性が出てきても、同じような目で見てしまい、新しい恋愛《れんあい》をすることが難しくなる場合があるのです。

男性の場合にも、女性恐怖症《きょうふしょう》というものがあります。二、三回、振《ふ》られた経験《けいけん》があると、女性を見たら、「ああ、また振られるのかな」と思い、すぐに逃《に》げ出したくなります。男性も、か弱い生き物であり、先入観で、すぐに負け犬になる癖《くせ》があるのです。

したがって、「人を許し、自分の過去についても許す」という努力が大事です。今、憎んだり恨んだりしている人がいたなら、その人を許す努力、許し続ける努力をしてください。

過去に、あなたを攻撃《こうげき》したり、辱《はずかし》めたり、恥《は》ずかしい思いをさせたり、誹謗《ひぼう》中傷《ちゅうしょう》をしたり、からかったりした人などは、たくさんいるでしょう。

しかし、それをずっと覚えていて、そのことを言い続けても、幸福にはなれません。そういうことは言わないほうがよいし、忘《わす》れたほうがもっとよいのです。むしろ、相手のよいところを思い浮《う》かべるぐらいになれば、さらによいと言えます。

人間関係での嫌《いや》な経験《けいけん》は、自分を磨《みが》く砥石《といし》

私自身も、会社に勤めていたころには、嫌《いや》な思いをしたことが、ずいぶんあります。しかし、著書《ちょしょ》のなかでは、そういうことについて、できるだけ触《ふ》れないようにしてきました。それを本に書いて〝固定〟したところで、よいことはないからです。

私は、「当時の人たちは、みな、私を磨《みが》き、鍛《きた》えてくれていたのだ。私を磨く砥石《といし》となってくれたのだ」と考えています。当時、いろいろと言われた言葉の一つひとつが、今、宗教的指導者《しどうしゃ》の立場で信者に教えを説《と》くときに役立っています。

幸福の科学の信者が伝道をする際《さい》に、宗教を信じていない人や無神論・唯物論《ゆいぶつろん》の人から第一声で言われるようなことは、すでに私自身も会社時代に経験《けいけん》しているので、みなさんの苦労や気持ちは、私にもよく分かります。

当時、私を傷つけるようなことを言った人はたくさんいましたが、それは、みな、自分を磨く砥石になったと思っています。

「他の人から、いじめられた」というようなことは、あまり言ってもしかたがないので、できるだけ、「よい人たちに恵まれていた」と考えるようにしていますし、会社についても、できるだけ、「よい会社であった」と考えるようにしています。

あとから考えてみれば、私と会社の人たちとは対等な関係ではなかったわけです。私は、「多くの人々を救う」という大きな使命を持って生きていますが、彼らは一介《いっかい》のサラリーマンであり、自分の家族を護《まも》るのに精《せい》いっぱいの人たちです。

「多くの人々を救おう」と思っている人間が、そのような人たちの言葉や行《おこな》ったことを、いつまでも恨んだり、ひがんだりするのは、おかしなことです。そのような感情は乗り越《こ》えていかなければならないものです。

「許《ゆる》す」ことは幸福になるための条件《じょうけん》

みなさんを苦しめているもののなかに、もし、人に対する裁き心や憎しみ、怒《いか》りなどの感情があったなら、どうか、それを乗り越えてください。

「許《ゆる》す」ということは、抽象的《ちゅうしょうてき》なことではないのです。言葉だけのことではないのです。あなたが幸福になるために必要な条件《じょうけん》なのです。

許すということができなければ、大勢《おおぜい》の人間が生きていく、この世の中において、幸福に生き切ることはできません。

みなさんは、自分の思い通りにならない人がいたり、思い通りにならない過去があったりするでしょうが、許すという行為《こうい》によって、それを乗り越え、安らぎの世界に入ることを願ってください。

許すことによって初めて、夜、ぐっすりと眠れるようになります。許すことによって初めて、家の外を歩くと、空気をおいしく感じ、日の光を暖《あたた》かく感じ、人々の真心《まごころ》が分かるようになるのです。

人を憎んでいる人は、他の人の存在《そんざい》が怖《こわ》いので、どうしても、そういう気持ちにはなれず、自分のことばかりを考えます。

今が幸福なら過去《かこ》の不幸も美談になる

私は、以前、「過去《かこ》は変えられないが、未来は変えられる。過去については反省することしかできないが、未来は自分でつくっていくことができる」ということを述べたことがあります。

一般論《いっぱんろん》としては、それは、そのとおりです。

しかし、私はまた、「現在ただいまの心境が変われば、過去も違ったものに見えてくる」ということも説いています。

現在ただいま、あなたが幸福であるならば、あなたが過去に出会ったすべての人は、「あなたを幸福にするために現《あらわ》れてきた人たち」になるのです。あなたを叱《しか》った上司や、あなたをクビにした社長、あなたを袖《そで》にした女性なども、みな、現在のあなたが幸福であるならば、あなたを幸福に導くための道標《みちしるべ》となった人たちなのです。

彼らは、あなたを人間として磨くための砥石であったでしょうし、いろいろなアドバイスを与《あた》えてくれた人であったはずです。みな、あなたを幸福の道に入れるために、あえて「悪役」を演《えん》じてくれた人たちなのですから、恨みの心を忘れなければいけません。

現在ただいまが幸福であったら、過去についても全部がよく見えてきます。「今、自分が不幸なのは、昔、貧乏《びんぼう》だったからだ」という言い方はできますが、今が幸福である場合には、「若いころに夫婦《ふうふ》で貧乏をした」というようなことは美談になってしまいます。「あのときは狭《せま》い四畳半《よじょうはん》で暮《く》らしたね」などという話は、ロマンチックな美談になるわけです。

ところが、今が不幸であったら、その若いころの貧乏は、現在が不幸であることの理由になるのです。奥《おく》さんから、「結婚した当時、あなたにはお金がなかったので、四畳半の部屋で生活をさせられた。しかも、隣《となり》の三畳間には姑《しゅうとめ》が寝《ね》ていた」などということを延々《えんえん》と言われると、それは不幸の原因になるでしょう。

しかし、今が幸福ならば、過去の見方も変わるのです。

例えば、前節で、「私の母親は、私の子供時代のことについて、私自身の認識《にんしき》とはまったく違う見方をしていて、それを孫に対して言っていた」という話をしましたが、これは、「過去に対する見方が私と母とでは違う」ということでしょう。

ただ、私の母には、孫を慰《なぐさ》めようとして、わざと言っている面も多分にあると思うので、私は自由に言わせてあげています。

どうか、『「許す」ということには、実体的な力があるのだ。愛のなかでも、特に宗教的なパワーを秘《ひ》めているものなのだ』ということを理解《りかい》してください。

世の中には、いろいろな人がいて、いろいろなことをし、いろいろな間違いを犯《おか》しますが、いつまでもそれを咎《とが》め立てしたり、人を型枠《かたわく》にはめようとしたりすると、世の中はうまくいきません。

人間にはそれぞれ仏性《ぶっしょう》が宿っており、本来、人間は素晴《すば》らしい存在です。その素晴らしい人たちに、素晴らしく伸《の》びていただくことが大事なのです。

5　すべての人には「幸福になる義務《ぎむ》」がある

短所のなかにも、優《すぐ》れた個性《こせい》が隠《かく》れている

すべての人間には、「幸福になる権利《けんり》」があるだけではなく、「幸福になる義《ぎ》務《む》」があります。そして、幸福になる義務は、自分だけにあるのではなく、ほかの人にもあるのです。あなたが憎《にく》んでいる人にも、幸福になる権利と幸福になる義務があるわけです。

一人ひとりが幸福になることによって、世の中がユートピアに変わっていきます。世の中をユートピアに変えようとするならば、「人間には、幸福になる権利だけではなく、幸福になる義務がある」ということを知らなくてはなりません。

自分にも、幸福になる義務があり、相手にも、幸福になる義務があり、他の人にも、幸福になる義務があります。その義務をきちんと果たしたならば、世の中はユートピアになるでしょう。

それでは、その、幸福になる義務を果たすためには、どうすればよいのでしょうか。それは、他者の存在《そんざい》を肯定《こうてい》することです。

いろいろな価値観《かちかん》や生き方があり、各人に、それぞれの長所、よさがあります。短所と見えるもののなかにも、実は、その人の優《すぐ》れた個性《こせい》があるかもしれません。

何事かを成し遂《と》げた人は、みな孤独《こどく》の時間を持っている

現代《げんだい》では、医学的な問題として、自閉症《じへいしょう》や引きこもりなどの問題が流行《はや》っています。しかし、いろいろなレポートをいくら見ても、私には、そのような障害《しょうがい》や病気があるようには見えないのです。

確《たし》かに、昔で言えば「知恵遅《ちえおく》れ」と言われるようなこと、「知能《ちのう》が低い」というようなことは、客観的にはあるかもしれませんが、私には、どう見ても、「扱《あつか》いにくい子供《こども》がいる」と言っているようにしか思えません。

世の中には、扱いにくい子供がいます。そういう子供は手がかかるものですが、手をかけたくないために、それを、「問題だ、問題だ」と言っているのでしょう。

例えば、学校の先生は一人で約四十人の子供を受け持っていますが、母親でも手を焼くような子供を四十人も集めたら、言うことをきかせるのは、とても難《むずか》しいことです。先生の目には、ほとんどが問題児に見えてきて、特に言うことをきかない子供について、「問題がある子だ」と言いたくなってくるでしょう。

引きこもりについても同様です。学者や思想家、作家になった人で、「引きこもった経験《けいけん》がない」という人は、ほとんどいないと言ってよいのです。

何事かを成し遂《と》げた人は、みな、孤独《こどく》の時間を持っています。孤独の時間のなかを生きずに何かを成し遂げた人はいないのです。発明家も研究家も、みな、そうです。

そういう人たちは、多少、変わったところはあるかもしれませんが、可能性《かのうせい》のある人たちなのです。

あなたの愛が試されるとき

自閉症という言葉も、かなり広義《こうぎ》に使われてきています。医者というものには、とにかく何か病名を付けてレッテルを貼《は》ったら、それで解決《かいけつ》したような気持ちになるところがあります。

「まず病名を付けて患者《かんじゃ》を安心させ、あとは薬を出せばよい」と考えているのでしょうが、そういう医者の言うことは、あまりまともに聴《き》いてはいけません。

「そんなことはない。人間は、みな、仏《ほとけ》の子、神の子であり、誰もが可能性を持っているのだ。人間は、変わっていくことができるし、そのままでも十分に幸福になる権利があり、幸福になることもできるのだ。ものの見方を変えることによって、世の中は違《ちが》って見えてくるのだ」と考えることです。

手のかかる子供を授《さず》かったとしても、それが不幸だとは必ずしも言えません。手のかかる子を持つと、確かに、お荷物のように見えるかもしれませんが、おそらく、その子は親に対して非常《ひじょう》に重要なことを教えているのだと思われます。「愛の修行《しゅぎょう》」というものが課題として与《あた》えられているわけです。「あなたは、どの程度《ていど》までの重荷に耐《た》えられますか。その子を愛せますか。生かせますか。許《ゆる》せますか」ということを問われているのです。

特に、許しの心が強い人であれば、病人など、この世的にはイレギュラリティー（普通《ふつう》とは違う何か）が表れているような人に対して、その愛を試されている部分が大きいのです。

「すべての人間が、成長し、大きくなり、成熟《せいじゅく》していくことができるのだ。成熟することによって、自分自身の罪《つみ》や他人の罪など、あらゆる罪を乗り越《こ》えることができ、困難《こんなん》と見えしものを乗り越えていくことができるのだ」ということを考えていただければ幸いです。

第4章

心豊《ゆた》かに生きる

1　人生の目標とすべきもの

十代、二十代は「エリートを目指す時代」

本章では、「心豊《ゆた》かに生きる」というテーマで、若《わか》い人をはじめ、人生の後半に生きる人にとっても参考になることを述《の》べたいと思います。

若い人の場合は、どちらかというと、みな、「頭のよい人になろう」と努力していますし、実際《じっさい》に、「『頭の回転が速くて、仕事ができる』ということは価値《かち》があるし、自分もそうありたいものだ」と思っているものです。

しかし、人生も、序盤戦《じょばんせん》が終わって、だんだん中盤戦から終盤戦に入っていくと、次第しだいに、価値観が、違《ちが》うものに移《うつ》っていくと思うのです。

十代や二十代ぐらいならば、「頭のよさが人間の偉《えら》さだ」と思っても、しかたがありません。頭のよさを手に入れたら、あるいは、この世的な意味で、社会的に目立つような会社に入ったり、そういう職業《しょくぎょう》に就《つ》いたりしたら、「勝った！」という感じがするでしょう。その気持ちは分かります。

「十代の努力が二十代で報《むく》われて、社会的に注目を浴びる」というような感じで、よい会社に入ったり、医者になったりします。そのほかにも、いろいろとエリートコースがあります。

そのように、十代、二十代は、「エリートを目指す時代」であると思うのです。ただ、この時期には、「心の豊かさ」と言われても、まだ少しピンと来ないのではないでしょうか。

若いときは、そういうことよりも、「いかにして、自分の頭を回転させ、役立つ人間になり、世の中に認《みと》めてもらうか」ということのほうが大事でしょうし、私も、それでもよいと思います。

人生の中盤以降《ちゅうばんいこう》は「心の豊《ゆた》かさ」が大きな力を発揮《はっき》してくる

しかし、三十歳《さい》を過《す》ぎると、いよいよ中堅《ちゅうけん》どころに入り、さらには、三十代後半から四十代にかけて、家族の重みが乗ってき始めます。そのあたりから、人生は複雑《ふくざつ》になってきますし、人間関係も複雑に絡《から》み合ってき始めます。

そして、その先には、終盤戦《しゅうばんせん》としての晩年《ばんねん》が待っています。これは、「子供《こども》が巣立ったあとの自分のあり方や生き方を、どうすべきか」ということを考えなければいけない時期です。

それは、二十代のときには、まったく考えてもいないことです。若いうちは、自分のことで、ほとんど精《せい》いっぱいであり、ある意味では自己中心主義《じこちゅうしんしゅぎ》だと思うのです。

ただ、それは、しかたがないことでしょう。若い人は、自己確立《かくりつ》のために、一《いっ》生懸命《しょうけんめい》、努力しているわけですから、それでよいと思います。

二十代は、将来《しょうらい》のための基礎《きそ》になる部分をつくる時期です。将来、もっと重荷を背負《せお》えるために、自分を鍛《きた》えなければいけない時期なのです。

そのあと、実際に重荷がかかってきます。家族を養ったり、会社などで責任《せきにん》ある立場に就いたりして、大勢《おおぜい》の人たちとの関係のなかで、自分というものを確《たし》める時期が来るのです。

そして、晩年です。会社の役職から離《はな》れたり、あるいは、家庭から子供たちが巣立っていったりして、孤独《こどく》を感じる時期がやがて近づいてきます。「残りの人生を、どう生きたらよいのか」ということを考え始めるのも、そのころです。

そのような人生の中盤から終盤にかけて大事なことが、本章のテーマである「心豊《ゆた》かに生きる」ということだと思うのです。

若いころは、とにかく、「有名になりたい」「お金が欲《ほ》しい」などと思いがちです。

例えば、「プロ野球選手になって、何億円も年俸《ねんぽう》をもらえたらいいな」とか、「一攫千金《いっかくせんきん》で、あっという間に、ぼろ儲《もう》けができたらいいな」とか、周りから見て、「すごいなあ」と言われるような結論《けつろん》に、バッと飛びつきたがる気《け》があるのです。

しかし、中年から先あたりで、「人生は、それほど一本調子ではない」ということが分かってきます。そして、「複雑な人間関係のなかで、どのように生き渡《わた》っていくか」が大事になってくるのです。

マラソンで言うと、先頭ランナーで走っていた人たちが息切れして、どんどん脱落《だつらく》し、消えていき始めます。そして、必ずしも先頭集団《しゅうだん》ではなかった人たちが、じわじわと出てき始めるのです。

この中盤戦からあとに出てくる人たちは、実は、「心の豊かさ」のほうに、人生のウエイトというか、人生の指標が移ってきた人たちなのです。「心の豊かさ」というものの大事さが分かってきた人は、結局、人間関係のなかで上手に成功するようになっていきます。

したがって、中年以降は、「個人《こじん》で成功できればよい」という考えから、「大勢の人間のなかで生き渡り、成功する」という考えに切り替《か》えなければいけなくなります。それが、会社で言う「管理職の立場」でしょうし、家庭で言えば、「責任ある親の立場」ということだと思います。そのように、子供時代の考え方を捨《す》てて、脱皮《だっぴ》しなければいけなくなってくるのです。

このように、中年から先は、「心の豊かさというものが非常《ひじょう》に大きな力を発揮してくるのだ」ということを知らなければなりません。

「心が豊《ゆた》かになる方法」を教えることができる人は少ない

「どうすれば、『心の豊《ゆた》かさ』というものを得られるのだろうか」ということは、当然、誰《だれ》もが訊《き》きたいことでしょう。

しかし、「心が豊かになる方法を書いた教科書がありますか」と言われても、そんなものはありません。そういうことは誰も教えてくれないのです。学校でも教えてくれませんし、実社会でも、ズバッとそれを言ってくれるような人がいるとは思えません。

もし、いたら、なかなかの賢人《けんじん》、識者《しきしゃ》でしょうから、隣《となり》近所や会社のなかには、そう簡単《かんたん》に見つからないでしょう。「どうしたら、心豊かになるのか」と訊かれて、ズバッと答えられるようであれば大したものです。

これは、会社の社長といえども、そう簡単に答えられることではありません。

これを訊かれたら、「来週まで待ってくれるか」と言って、週末に、人生論に関する本を探《さが》して少し読み、それを引用しながら、「実は、私の思うところは……」などと言うぐらいが精いっぱいでしょう。頭のなかは、やはり、会社の経理《けいり》の数字が中心で、なかなか、「心豊かに生きる」ということは考えつかないのです。

人生には、お金で解決《かいけつ》できないものがある

例えば、六本木ヒルズの住人で、金儲けに走って逮捕《たいほ》された堀江氏、いわゆるホリエモンは、その著書《ちょしょ》に「人の心はお金で買える」と書いたために、その言葉が独《ひと》り歩きして、けっこうマスコミに流されました。

そのため、検察官《けんさつかん》が「こういう価値観が蔓延《まんえん》したら、世の中は腐敗《ふはい》する」と見て、怒《おこ》ったのです。まるで江戸《えど》時代の奉行《ぶぎょう》のようですが、〝鬼平《おにへい》〟よろしく、「こんな価値観は許せない」というような感じで、正義感に燃《も》え、捕《つか》まえに入ったわ

けです。

もし、彼がその著書に、「お金で手に入らないものはない」ということは書かずに、「人間は、やはり心の豊かさが大事だ」と本のカバーにでも書いておけば、たぶん、捕まっていないはずです。

なぜなら、「心の豊かさ」という価値観は世の中をおかしくしないからです。

しかし、お金ですべてが解決《かいけつ》できるように言ったために、やはり、検察官は、「世の中を迷《まよ》わす」と見て、一種の正義感で動いたのだろうと思います。

彼には、若さゆえの驕《おご》りがあったと思いますし、実際、「お金では解決できないものがある」ということを知らなかったのでしょう。

これは人生の真実です。世の中には、お金では解決できないものがあるのです。

特に、若いうちは、お金が欲しいものですが、人生には、お金で買えないものなど、いくらでもあるのです。

良好な人間関係も、お金では買えません。人間は、お金をもらえれば、しばらくは機嫌《きげん》がよくなりますが、それで人の心は買えないのです。そのように、お金では買えないものもたくさんあるのです。

したがって、お金というものは、やはり、二番手、三番手の問題です。あっても困《こま》りはしませんが、人生の一番の目標にすべきものではないのです。

2　人間としての義務《ぎむ》を果たす

人生の前半戦で「人間としての義務《ぎむ》」を感じること

では、どうしたら、心豊《ゆた》かに生きられるのでしょうか。

まず、人生の序盤戦《じょばんせん》から中盤戦の半ばぐらいまでの間、つまり、十代、二十代から三十代前半ぐらいまでの人生の前半戦で、「人間としての義務《ぎむ》」というものを感じることが大事です。「人間としての義務を意識《いしき》して、その義務を果たす」ということを、きっちりとやっておくことが大事なのです。

人間は、社会的存在《そんざい》であり、一人では生きていけません。したがって、人間として果たすべき義務というものが、やはりあるのです。

例えば、職業人《しょくぎょうじん》としての義務も当然ありますし、個人《こじん》としての義務もあります。もちろん、隣《となり》近所に住む人間の一人としての義務もあれば、マンションや社宅《しゃたく》、団地《だんち》の住人としての義務もあります。それから、家族の一員としての義務もあります。

そのような「人間としての義務」を人生の前半に感じ取り、それをきちんと成し遂《と》げようと思って生きてきた人の人生には、やはり底堅《がた》いものがあります。そういう人の人生は、そう簡単《かんたん》に崩《くず》れないのです。

「誠実《せいじつ》に生きてきた」という自信が、「心の豊《ゆた》かさ」に成長していく

この人生の前半において、「人間としての義務を果たそう」と思って生きてきた人と、そうでなかった人との違《ちが》いは、あまりよく分からないものです。三十五歳《さい》ぐらいまでの間には、その人が成功しても失敗しても、そんなに大きな差は出ませんし、逆《ぎゃく》のように見えることもあるからです。

「人間としての義務を果たそう」と思っているような人が、ばかのように見え、義務などすっぽかして、自分の好きなことを自由にやった人のほうが、楽しそうで、成功したように見えることは、いくらでもあります。

しかし、「アリとキリギリス」の寓話《ぐうわ》にあるとおり、いずれ冬になると、アリは生き残り、キリギリスは死ぬわけです。それと同じように、人生の前半において、人間としての義務を感じ、きちんと履行《りこう》した人の場合は、人生が底堅く、実

は、ここから、その人の徳《とく》なるものが生まれ始めるのです。

例えば、自分が父親なら、父親としての義務を果たす。あるいは、自分の職業が教師《きょうし》なら、教師としての義務を履行する。公務員なら、公務員として、憲法《けんぽう》に書いてあるとおり、「全体の奉仕者《ほうししゃ》として、国民のために尽《つ》くす」ということを、いつも願って生きることです。

同じ公務員でも、「公務員は給料が安いから、てきとうに手を抜《ぬ》いて働いても構《かま》わないのだ。休みは取れるし、いろいろと楽だ」と思って生きてきた人と、「全体の奉仕者として、国民のために仕事をしなければいけないし、仕事は公平《こうへい》無私《むし》にやらなければいけない」と思って生きてきた人と、終着駅が同じであれば、やはり許《ゆる》されないでしょう。

また、教師であってもそうです。「よい人材を育てて、社会に送り出したい」「誰《だれ》もが立派《りっぱ》になって、世の中の役に立ち、幸福になってほしい」と思い、真心を込《こ》めて仕事をしてきた人と、「とにかく給料分だけ働けばよい」「給料分だけ働かなくても、クビにならないかぎりよい」と思い、サボれるだけサボった人とが、人生の後半で同じ境遇《きょうぐう》になるようであれば、世の中は狂《くる》っています。

したがって、そのようなことは絶対《ぜったい》に許されないのです。人生は「因果応報《いんがおうほう》」です。まいた種は必ず刈《か》り取らねばならないようになっているのです。

ただ、人生の前半では、その結果が、まだ、はっきりとは出ません。そのため、楽をした人、すなわち、自由というものを悪いほうに利用して、自分を堕落《だらく》させたり、サボる言い訳《わけ》に使ったりした人が、一見、得をするように見えることはあります。

しかし、その自由のなかにおいて、自分のなすべきこと、なさねばならぬことを、コツコツと仕上げてきた人の場合、人生が底堅く、後半に花開いてくるものが必ずあるのです。

なぜなら、そうした、人間としての義務を果たしてきた人には、「自分自身に対して非常《ひじょう》に誠実《せいじつ》に生きてきた」という自負心が生まれるからです。これは、人を害する自負心ではありません。「私は自分自身に対して誠実であった」「私は、誠実に、正直に生きてきた」という気持ちです。

この気持ちが、ある意味で、本当の自信になっていきます。そして、この「人生を誠実に生きてきた」という自信が、やがて、「心の豊《ゆた》かさ」に成長していくのです。

そのもとになる部分は、義務、あるいは責任《せきにん》と言ってもよいでしょう。「義務と責任」というものを、人生の前半に感じ、それを果たそうとした人が、やがて、「心の豊かさ」を味わえるようになっていくのです。

「義務《ぎむ》から逃《のが》れたい」と思うのは、動物的な自己保存欲《じこほぞんよく》

人生の前半においては、どちらかというと、その反対で、「義務《ぎむ》からは逃《のが》れたい。責任は負わずに生きたい」と思う人のほうが多いのです。それは、子供《こども》たちの姿《すがた》を見れば、よく分かります。

「義務など背負《せお》いたくはない。責任など取りたくはない。しかし、権利《けんり》は、いくらでも主張《しゅちょう》したい。親の言うことはきかないが、お金は欲《ほ》しい」

このようなことは、いくらでもあります。

権利の主張は、いくらでもしますが、義務を負わせようとしたら、すぐに逃《に》げ出します。家から出ていったり、突如《とつじょ》として雄弁《ゆうべん》になったりします。「自分には、それをする義務がない。それは親がやるべきことであって、自分がすることではない」ということを雄弁に語るようになります。

これは、ある意味での自己保存欲《じこほぞんよく》なのです。例えば、学校や塾《じゅく》などで、一生懸命《いっしょうけんめい》、勉強させると、〝頭のよい子〟ができますが、そういう子は、自分の〝頭のよさ〟を使って、自分を護《まも》ろうとするのです。

しかし、それは、動物的な意味での自己保存欲にほかなりません。生物体としての自分を護ろうとすることのみに、その知能《ちのう》を使えば、必ず、他の人のほうに、しわ寄《よ》せが来ることになります。そのように、他の人を責《せ》めたり、攻撃《こうげき》したり、非難《ひなん》したりする方向に、〝頭のよさ〟を使い始めると、人生は何かが狂ってくるのです。

自分の子供が、その〝頭のよさ〟を、ずる賢《がしこ》さとして使ったり、自己弁護《べんご》のために使ったり、義務や責任を逃れるために使ったりする傾向《けいこう》が出てきたら、それは、よいことではありません。

「人生が、トータルで見て、よいものになるかどうか」ということは、そこにかかっているのです。したがって、「目先においては、それが、よいことのように思うかもしれないが、先行きとしては、実は、つらいことになるのだ」ということを、どうか知っておいてほしいし、子供にも、そのように言ってほしいのです。

まずは「自律的《じりつてき》人間」になることを教えよう

特に、子供たちに教えてほしいことは、自分を律《りっ》することの大切さです。

世の中には、「自律的《じりつてき》人間」と「他律的人間」とがいますが、自律的人間というのは、自分で自分を律していくタイプの人間です。親や先生から、あれこれ言われなくても、やるべきことは、きちんと自分で確認《かくにん》してやっていこうとするタイプです。

例えば、宿題をやるのを忘れて学校に行ったとします。そのときに、「お母さんがプリントを変なところに片《かた》づけたから、忘《わす》れたんだ」というような言い方をする子供だっているでしょう。

また、「先生は、朝、宿題を出したけれども、夕方になったら子供は忘れるに決まっているじゃないか。だから、帰りに、もう一回、『明日《あした》、宿題を持ってきなさい』と言うべきだったのに、それを言わなかったのが悪い」というような言い方をする〝頭のよい子供〟もいます。

しかし、そういう屁理屈《へりくつ》を言って大人を責める子供は基本的《きほんてき》に駄目《だめ》です。やはり、自分を律し、自分で責任を取ろうとしなければいけないのです。

遅刻《ちこく》についてもそうです。朝起きるのは、子供にとって、つらいことですが、自分が遅刻したことを、「親のせいだ」などと言うようではいけません。

いろいろな言い方があるとは思いますが、やはり、自己責任として受け止めることが大切なのです。

平均《へいきん》以上の人間になっていくためには、「自分を律する」ということが大事です。自分を律することができる人は、もう、それだけで、平均以上の存在になっていく可能性《かのうせい》が高いのです。

一人では何もできない「他律的人間《たりつてきにんげん》」の悲劇《ひげき》

この逆が「他律的人間《たりつてきにんげん》」です。すなわち、馬のように、いつも他の人に〝調教〟してもらわないかぎり、何もできない人たちです。

例えば、中学受験は、「親の受験」とも言われているように、親がかりでやっていることが多いのですが、非常に優秀《ゆうしゅう》な成績《せいせき》を取ったとしても、中学に入ってから急に駄目になる子がたくさんいます。

なぜなら、中学から先になると、親が勉強についていけなくなり、学校のなかでやっていることも、親には分からなくなるからです。

そういう子供には、かつての栄光の記憶があり、「自分は優秀なはずだ」という思いがあるにもかかわらず、一人で放っておかれると何もできなくなるわけです。

結局、親がついていないと勉強ができなくなって、成績が下がってきます。そうすると、先生に怒《おこ》られます。一方、友達のなかには、自分でいろいろとできる子もいるので、そういう子に劣等感《れっとうかん》を感じます。

そうなると、その成績優秀だった子は、どうするかというと、ほかの人ができないような悪いことをたくさんして、注目を浴びようとし始めます。とにかく、自分がトップでなければ、あるいは人より目立たなければ、気が済《す》まないので、悪のリーダーになり、悪いほうに友達を引きずり込《こ》み始めるのです。

例えば、「おまえたち、まだビールを飲んだことがないだろう。おれは、もうビールを飲んでいるんだ。おまえたちも一緒に飲んでみないか。今度、うちに来たら、ちょっと飲ませてやるぞ」というような感じです。中学一年や二年でビールを飲んだりして、友達を引きずり込み始めるわけです。

そのうち、だんだん大胆《だいたん》になってきて、文化祭のあとに仲間たちでビールを飲んでいたのを見つかり、いっせいに退学《たいがく》、もしくは停学になってしまうようなこともあります。

そのように、悪いほうに自己実現《じつげん》をする人もいるわけです。

自分の子供はかわいいので、親は一生懸命に自分の子供の面倒を見ているでしょう。最初は、それもしかたがないかもしれません。

しかし、少しずつ手を放していって、子供が自分のことは自分でできる方向に持っていかなければなりません。できるかぎり、「自律型人間」に変えていかなければならないのです。

これは、親としてはさみしいことです。手がかかるほうが、何か愛をたくさん与《あた》えているように見え、「与える愛」を実践《じっせん》しているようにも見えます。

ただ、本当に子供を愛しているのであれば、やはり、彼らを、自分のことは自分でできる、「自律型人間」にしていかなければならないのです。

3 「公平無私《こうへいむし》の精神《せいしん》」を持つ

自分や他人を極端《きょくたん》に罰《ばっ》する生き方をしてはいけない

「自律《じりつ》」と「他律」について述べましたが、同じような分類の一つに、両方とも、それほどよくはないのですが、「自罰的《じばつてき》人間」と「他罰的人間」というものがあります。

他罰的人間は、前述した、人のせいにするタイプの人です。こういう人は、わりに多くいます。

「他罰的」ということと、頭のよし悪しとは、全然、関係がありません。他罰的人間とは、要するに、「他の人が悪いのだ」という言い方で、自分を護《まも》ろうとするタイプの人なのです。

他罰的人間が頭のよい人である場合には、論理《ろんり》の展開《てんかい》や着想が鋭《するど》いので、相手は言い負かされてしまいます。いつも、「おまえが悪い」という言い方で言い逃《のが》れ、必ず義務《ぎむ》から逃《に》げてしまうのです。

逆《ぎゃく》に、性格《せいかく》に弱いところがある自罰的人間もいます。これは、「自虐的《じぎゃくてき》人間」と言ってもよいのですが、「何もかも自分が悪いのだ」と考え、自分ばかりをいじめて落ち込《こ》んでいくようなタイプの人です。

これも、鬱《うつ》になるなどして、多くの人に迷惑《めいわく》をかけることがあるので、ある意味で、駄目《だめ》な生き方です。

したがって、そのような自罰的な生き方や他罰的な生き方が、極端《きょくたん》に出ないようにしなければいけないのです。

公平無私《こうへいむし》の態度《たいど》で物事に臨《のぞ》めるか

当会では、「正しき心の探究《たんきゅう》」ということを説いていますが、人間として常《つね》に求めるべきなのは、やはり、「人間関係において、いかに公平無私《こうへいむし》に判断《はんだん》するか」ということです。

それは、友達関係においてもそうですし、学校の先生や先輩《せんぱい》・後輩、それから、きょうだい、家族などとの関係においてもそうです。いろいろな人間関係があるなかで、自分自身の利害を中心に考えるのではなく、「いかに、自分の利害を離《はな》れて、公平無私に人を見ることができるようになるか」ということが人間としての成長なのです。

そういう気持ちを持てば、例えば、きょうだいや友達などとの関係もうまくいくことがあります。

しかし、「常に自分を認《みと》めてほしい」というだけの人間とは、あまり付き合いたくはないでしょう。そういう人と、ずっと付き合うのは、それほど楽ではありません。要するに、「ほめてもらいたいだけの人」と、毎日、会っていると、疲《つか》れますし、どちらかといえば、エネルギーを吸《す》い取られてしまいます。

やはり、「公平無私の態度《たいど》で物事に臨《のぞ》もう」と努力することです。これも努力なのです。

ある程度《ていど》、そのようになろうと思って、十年、二十年、三十年と生きていると、だんだん、そのようなものの見方ができるようになるのです。

西郷隆盛《さいごうたかもり》に見る「公平無私《こうへいむし》の態度《たいど》」

本当に公平無私《こうへいむし》な態度《たいど》を貫《つらぬ》き始めると、敵《てき》からも愛されるようになります。

例えば、明治維新《いしん》のときに幕府《ばくふ》軍と討幕《とうばく》軍とが戦いましたが、しだいに討幕軍が形勢を逆転していき、幕府軍は敗走し始めました。そして、薩長両藩《さっちょうりょうはん》を中心とする討幕軍は、「官軍」と称《しょう》して天皇《てんのう》の「錦《にしき》の御旗《みはた》」を掲《かか》げ、東北のほうまで攻《せ》め上《のぼ》っていったのです。

そのときに、官軍は庄内藩《しょうないはん》のほうへも入っていったことがあります。負けた庄内藩士は、当然ながら、刀などを、全部、差し出さなければいけませんでした。

しかし、西郷隆盛《さいごうたかもり》は、「武士《ぶし》から刀を取り上げてはいけない。負けたほうを辱《はずかし》めるな。刀は、そのままでよい」と指示《しじ》を出して、刀を取り上げなかったのです。

そのように、「勝ったほうの官軍は、負けたほうの刀を取り上げないばかりか、自分たちは、負けたほうの前を刀も差さずに平気で歩いている」という、堂々たる状況《じょうきょう》でした。

「彼らも、幕府のために戦ったのであって、ついこの前までは正義だったのだ。だから、悪人ではない。ただ、時代が変わったのだ。自分たちは国を変えようとしているけれども、その勢力《せいりょく》が勝って、国が変わろうとしているのだ」

西郷隆盛は、そう考えていたのです。そのため、負けたほうの藩主に対して、恥《はじ》をかかさないよう、言葉遣《づか》いを丁寧《ていねい》にし、礼儀《れいぎ》正しく扱《あつか》ったので、どちらが勝ったのかが分からないような状況でした。

普通《ふつう》は、勝ったほうが乱暴狼藉《らんぼうろうぜき》を働き、やりたい放題のことをして、負けたほうは、「何をされても文句《もんく》は言えない」ということになるのですが、このときは、そうではなかったのです。

西郷隆盛は、勝っても自制《じせい》して、辱めないように相手を扱ったので、庄内の人たちは西郷隆盛のファンになりました。

そのため、西郷の数多くの言葉が、『南洲翁遺訓《なんしゅうおういくん》』（南洲は隆盛の号）として、意外にも庄内藩に遺《のこ》っているのです。敵側の庄内の人が西郷隆盛の言行録をたくさん書いて遺しました。

その後、西郷は、西南戦争で今度は政府《せいふ》軍と戦い、敗れて自刃《じじん》しますが、そのときに、庄内から西郷のところへ学びに来ていて、帰らずに西郷と共に戦い戦死した若者《わかもの》も出たのです。

物事のよし悪しには、いろいろな見方があるので、全体については何とも言えませんが、やはり、「人間としてフェア（公平）である」というのは大事なことだと思います。

「勝ったから」といって驕《おご》り、相手を虫けらのように扱う人は、人間として立《りっ》派《ぱ》ではありません。

例えば、ボクシングでも野球でも、剣道《けんどう》や柔道《じゅうどう》でも、会社での出世や受験でもそうですが、人は勝ったり負けたりするものです。

そのときに、「勝ったほうが、天下を取ったような感じになって、負けたほうを虫けらのように扱う」ということは、世の中には往々《おうおう》にしてありますし、今の塾《じゅく》では、人をけなしたり、蹴落《けお》としたり、罵倒《ばとう》したりする子供《こども》もたくさんいます。しかし、これは人間として立派なことではないのです。

勝った人は、負けた人に対して、謙虚《けんきょ》に接《せっ》しなければいけませんし、「情《なさ》け」というものを持たなければなりません。やはり、フェアな態度というか、公平無私な態度を常に取ろうとすることが大事であると私は思います。

敵《てき》をも呑《の》み込《こ》むような「大きな器《うつわ》」をつくる

前節で述べた、義務の履行《りこう》、責任感《せきにんかん》、そして、人間としての公明正大さ、公平無私な態度というものを追求していくうちに、だんだん魂《たましい》に輝《かがや》きが出てきます。魂の地金《じがね》が光り始め、隠《かく》せなくなってきます。周りの人に、その輝きを隠すことができなくなってくるのです。そういうことを知らなければなりません。

若いうちは、特に、「義務を果たす」ということを十分に考えることです。本当は自由を行使できるときに、義務を果たすことが大事です。

人生の中盤《ちゅうばん》以降《いこう》は、年を取り、経験《けいけん》もお金も豊富《ほうふ》になりますし、社会的地位も上がってきます。また、ある意味で、人を自由に支配《しはい》することができるようになります。

そのときに、「公平無私の態度で人に接する。神のごとき目で人を見る。仏《ほとけ》の心で人を見る」という努力をしていくことが大事です。そういう努力を一つひとつ積み重ねていくことによって、心というものは、器《うつわ》を増《ま》し、光を増し、大きくなっていくのです。

例えば、あなたが部長になったとして、課長以下の人のなかに、あるいは新入社員のなかに、仕事面において、あなたを批判《ひはん》する人が出てくることがあります。そういう、自分の意見に反対するような人には腹《はら》が立ちます。

しかし、「批判のなかに、聴《き》くべきことがあれば聴く。自分に過《あやま》ちがあって、直すべきところがあれば直す」という態度を取れる人は、やはり、器が大きいと言えますし、そういう人には、敵《てき》として現《あらわ》れている人をも呑《の》み込《こ》んでいく力が生まれてくるのです。

そのように、敵のなかにもファンをつくらなければいけません。それが大事なことであると思います。

4　出処進退《しゅっしょしんたい》を考える

出処進退《しゅっしょしんたい》は人生最後の美学

晩年《ばんねん》においては、もう一つ、大事な心がけがあります。それは、「出処進退《しゅっしょしんたい》を考える」ということです。

幸福の科学には「百歳《さい》まで生きる会」があるように、私は、みなさんが明るく元気に長く活躍《かつやく》されることを祈《いの》っています。

しかし、仕事には、やはり、一定の社会的責任《せきにん》というものがあります。個人《こじん》でやっているものは別として、大勢《おおぜい》の人でやっている仕事の場合、会社であれ何であれ、「公《おおやけ》の責任」というものがあるため、「その責任と能力《のうりょく》との釣《つ》り合いが取れている」ということは非常《ひじょう》に大事です。

したがって、「老害」と言われるような状態《じょうたい》が、あまりに強く出てくるようであれば、「出処進退」を考えなければいけないのです。晩年においては、そういうことを考えていただきたいと思います。

そして、「自分にも、その年齢《ねんれい》が来た」と思ったら、適正《てきせい》な部署《ぶしょ》に移《うつ》るなり、その会社から身を引いて、自分にできる他の仕事を始めるなりしなければなりません。

そのように、出処進退というものが、公の責任を果たすための、一つの大きな鍵《かぎ》になっていくと思うのです。

人間にとって、「出処進退を自分で決める」というのは、非常に難《むずか》しいことです。

人は、年を取ると、だいたい欲《よく》が深くなってくるので、自分が持っている権限《けんげん》や利益《りえき》等をつかんでしまい、なかなか手放さなくなります。

また、人は、自分を客観的に見ることが難しいので、五十、六十、七十と年齢を重ねると、何か能力が上がっていっているように錯覚《さっかく》しやすく、「去年より今年の自分が劣《おと》っている」ということは、どうしても認《みと》めたくないわけです。

そのため、周りも、だんだん、どうしようもなくなってきて、害が出てくるのです。

さらに言えば、日本は、もともと儒教《じゅきょう》国であり、年齢相応《そうおう》に尊敬《そんけい》してくれる風土というか、年を取った人に対しては、あまり厳《きび》しいことを下から言いにくい風土があるため、それに甘《あま》えてしまうことがあります。

例えば、家のなかの嫁《よめ》と姑《しゅうとめ》との関係で言えば、「お嫁さんが、もう独《ひと》り立ちをして十分に家を切り盛《も》りできるにもかかわらず、姑が、いつまでたっても、新《しん》婚《こん》当時のように小言を言い続ける」というようなこともあるでしょう。

　また、会社で言えば、「老害社長が出てくる」というようなこともあります。そのように、出処進退は非常に難しいのですが、「これが人生最後の美学である」と思わなければなりません。この出処進退も、前節で述《の》べた公平無私の精神《せいしん》の延長上《えんちょうじょう》にあるものなのです。

　したがって、例えば、自分自身、仕事上のミスがたくさん出始めたら、「ちょっとおかしい」ということを自分で判断《はんだん》しなければいけませんし、「若《わか》い者の力が上がってきたな」と見たら、「仕事を任《まか》せていく」ということが大事です。やはり、「自分にできる範囲《はんい》まで撤退《てったい》して、自分の分《ぶん》を守る」というようにしなければならないのです。

四十代ぐらいから「第二の人生」への備《そな》えを

　この出処進退について、私は、教えとして、まだ十分に説いてはいませんし、できるかぎり長く元気で活躍することと自体は大事なことだと思います。

ただ、能力的には四十代ぐらいから落ちていくことがあるので、やはり、「ときどき立て直して、さらに能力を伸《の》ばす」という努力は、その年代ぐらいから始めないといけません。

能力を上げるために一年ぐらい努力すると、五年か十年ぐらいはもちますが、しばらくすると、また能力が下がり始めてくるので、新しい時代についていけるように、ときどき、勉強のやり直しなどをして、能力の〝まき直し〟をしないといけないのです。どうしても、古くなって、世の中から遅《おく》れていくので、若い人と友達になると同時に、自分も常に新しい勉強に取りかかることが大事です。

しかし、どうしても限界は来ます。やはり、出処進退を考えなければならない時期が来るのです。

そのときには、会社のなかで、自分の能力に合ったところに移してもらわなければなりませんし、「その会社には、もういられない」ということであれば、もっとほかの、「第二の人生」を考えなければなりません。

これを人に言われて行うのは情《なさ》けないことでしょう。やはり、「自分の出処進退ぐらいは自分で決める」という心意気が必要です。第二、第三、第四の人生は、まだまだあるし、そのための備《そな》えをしておかなければならないと思います。

このように、公平無私の精神から出処進退のところまでは、やはり、つながっているものなのです。

5　素直《すなお》な心で祝福する

祝福の心が自分の器《うつわ》を大きくする

もう一つ述《の》べておきたいのは、「祝福の心を持つ」ということです。

人生の中盤《ちゅうばん》以降《いこう》は、どうしても、自慢話《じまんばなし》が増《ふ》えてきて、人を悪く見たり、くさしたりするようなことが多くなります。

それは分かります。確《たし》かに、後れてくる者については、能力的《のうりょくてき》に落ちるように見えたり、仕事ができないように見えたり、非常《ひじょう》に低く見えるものです。

これは実際《じっさい》にそうなのです。決して悪意だけで見ているわけではないのですが、若《わか》い人たちを見ると、仕事ができないように見えます。「まだまだ駄目《だめ》だ」というように見えるものなのです。

しかし、その見方がかなり曇《くも》ってくることがあるので、「人をくさしたり、悪口を言ったりすることが増えてきたな」と思ったら、心して「祝福の心」を持つことが大事です。

やはり、人をほめる心を持つことです。若い人であれば、励《はげ》ましてもらうと、まだいくらでも仕事はできますし、伸《の》びていけるのですが、そこでくさされると駄目になっていくので、伸ばしてあげることが大事です。

そのように、祝福する気持ち、祝福の心を持っている人は、やはり器《うつわ》の大きな人なのです。

逆《ぎゃく》に言うと、自分の器を大きくしたいのなら、祝福する努力をしてください。

素直《すなお》な祝福は相手の心を開く

「人をほめる」というのは、けっこう嫌《いや》なものです。「この人は頑張《がんば》っているなあ。すごいなあ」と思っても、黙《だま》ってしまうことがよくあります。相手をほめると、何だか自分が負けたような気がするので、口に出して言いたくないと思いがちです。

しかし、本当は、それでは駄目なのです。やはり、ほめられるような立派《りっぱ》な行《こう》為《い》をした人は、祝福してあげればよいのです。そうすると、向こうも心を開いてきます。

社会的な地位があったり、能力があったり、財産《ざいさん》があったりする人は、警戒心《けいかいしん》が非常に強いので、周りの人に対し、けっこうガードしており、本心をあまり語りません。自分の心を開かずに、ある程度《ていど》、自分自身の力でやっていこうとする傾向《けいこう》が非常に強いのです。

したがって、そういう人に関しては、公平に見て、「立派な行為をされた」と思ったら、祝福してあげることです。その際、自分の身分は低くても構《かま》わないのです。

例えば、わずかな月給しかもらっていない人が高額《こうがく》の寄付《きふ》をできないのは、当たり前です。

ただ、わずかな月給しかもらっていない人が、高額の寄付をした人に、「すごいですね」と素直《すなお》に言ったとき、相手が怒《おこ》るかといえば、そんなことはないでしょう。相手も、「ああ、この人は、自分が頑張ったことを、きちんと見てくれているな」ということが分かるので、何かの機会があれば、逆に人生での成功の道を教えてくれることもあります。

そのように、祝福というものは、年を取ってもできますし、若い人であってもできることなのです。

自分が言ってきた悪口の罪滅《つみほろ》ぼしのために

また、素直な心でもって祝福することは、みなさんが人生の途上《とじょう》で人の悪口をさんざん言ってきたことに対する罪滅《つみほろ》ぼしにもなります。人生において悪口を言わなかった人などいないでしょう。悪口、誹謗《ひぼう》、中傷《ちゅうしょう》などを、さんざん言ってきたはずです。

死んだあとに閻魔様《えんまさま》に会うのが怖《こわ》いくらいです。「自分が覚えていないことまで出してこられたら、どうしようか」と思うぐらい、たくさん出てくるでしょう。出ないわけがありません。ノート一冊分《さつぶん》ぐらいは簡単《かんたん》に出てくるはずです。

その一方で、〝祝福ノート〟というものが出てくるかといえば、なかなか、そうはいかないでしょう。出てきたとしても、「一ページ目に一行だけ書いてありました。はい、この方の〝祝福ノート〟は一行です。〝悪口ノート〟は何冊もあります」などという感じで、圧倒的《あっとうてき》に不利な状態《じょうたい》でしょう。

これを、「はい、どうだ」と見せられたら、「うーん。ちょっと修行《しゅぎょう》に行ってきます」と言わされてしまいます。「あなたが言った悪口の数と、あなたがほめた数は、どちらが多いか」といって、ノートを見せられたら、結論《けつろん》は聞かなくとも分かります。それだけで、自分で判決《はんけつ》を下し、行くべき所へ行き始めます。

したがって、罪滅ぼし等も含《ふく》めて、少しは祝福したほうがよいのです。

人をほめるには勇気が必要

祝福も、最初のうちは、わざとらしく感じるものです。心にもないことを言っているように思えますし、嘘《うそ》をついているように感じることもあるかもしれません。しかし、そういうものではないのです。

「人を祝福する。人をほめる」というのは勇気が要《い》ることなのです。とても勇気が要ります。なかなか、ほめられません。特に、「自分が関心のある領域《りょういき》において、人をほめる」というのは、とても難《むずか》しいことです。

例えば、アメリカの大金持ちのビル・ゲイツをライバルにしているような、コンピュータ会社の社長が、「ビル・ゲイツって、すごいなあ」と言うのは、やはり、なかなか大変なことです。そうは言っても、なかなかできることではありません。

以前、松下電器（現《げん》パナソニック）の中村邦夫《なかむらくにお》氏《し》が、社長就任《しゅうにん》時に、「ソニーさんはチャンピオンですからね」と平気で言いましたが、彼は、やはり、その後、会社を立て直しました。大変な赤字になっていた松下電器をV字回復《かいふく》させたのです。

その再建《さいけん》の前に言ったのが、「ソニーさんはチャンピオンですからね。われわれはチャレンジャーです」という、現実とは正反対の言葉だったわけです。

実際には、松下のほうが先輩《せんぱい》で、ソニーはあとから追いかけてきたのです。しかも、ソニーは「モルモット」と言って笑われていました。「ソニーが新製品《しんせいひん》を出し、売れるかどうか実験して成功したら、あとから松下が乗り出してきて、似《に》たような製品をつくる」というケースが多かったわけです。

それを、「ソニーさんは横綱《よこづな》です。チャンピオンですからね」と、相手を持ち上げて言ったのです。そのように言うのは、なかなか怖いことですが、松下を見事に再建したのですから、大したものです。

そのように、敵《てき》やライバルを公平に見てほめられる、あるいは、敵の製品を見て、「これは優《すぐ》れものだね」「わが社では、これは、できていないのではないか」「これは、なかなかすごいぞ」と言えるというのは、なかなか大変なことなのです。

人をほめられる心境《しんきょう》があれば、まだまだ伸《の》びていける

社内だけで意見を聴《き》くと、社員たちは、できない理由をいくらでも言うものです。

例えば、今、「フラット（薄型《うすがた》）テレビ」というものがあります。

昔のテレビは、前面が丸くて、厚《あつ》く、重くて持ち運べませんでした。作業員に来てもらわないと、男でも一人では運べないようなものだったのです。そのため、大晦日《おおみそか》や引っ越《こ》しのとき、運ぶのに大変な苦労をするテレビが多くありました。

そこで、「薄型のテレビをつくれないか」と社内の技術者《ぎじゅつしゃ》に訊くと、たいてい、「そういうものはできません」と言われます。

たとえ、それをつくる会社が出てきたとしても、技術者は、「そういうものは、できるはずがないのだ」と言い張るものなのです。だいたい、そのようなもので

す。

やはり、「ライバルの優れたところを素直に認《みと》めて、自分たちもチャレンジしていこう」という気持ちを持たなくてはいけません。

そのように、「人をほめられるようであれば、自分にも、まだまだ成長する余《よ》地《ち》があるのだ」ということを知っておいたほうがよいと思います。

人をほめられなくなったら、もう、その先は行き止まりです。人の優れたところや、新しく出てきたよいものを、ほめられる心境《しんきょう》があれば、会社であれ個人《こじん》であれ、まだまだ伸《の》びていけますが、口を開《ひら》けば批判《ひはん》と悪口しか出なくなったら、だいたい、その先は行き止まりなのです。そういうことを知ってほしいと思います。

本章では、「心豊《ゆた》かに生きる」ということに関連して、仕事や子育て、個人の努力の仕方など、いろいろな方面について述べてきました。何らかの参考になれば幸いです。

第5章

ストロング・マインド

1　ストロング・マインドとは何か

真理の探究者《たんきゅうしゃ》としての「自信」と「開き直り」

本章では、「ストロング・マインド」というテーマについて述《の》べていきます。

英語のタイトルを付けてみましたが、日本語に訳《やく》せば、「強い心」ということであり、少し難《むずか》しく言えば、「強靱《きょうじん》な精神力《せいしんりょく》」とでも言うべきものかもしれません。

ただ、やや現代的《げんだいてき》な言葉で表現したいと思い、「ストロング・マインド」という題を付けたわけです。

私は、以前、『神秘《しんぴ》の法』（幸福の科学出版刊）という本を出していますが、そのなかで、ずいぶん変わったことを述べています。少なくとも、あの内容《ないよう》を学校で教えることはできませんし、話題にすることも難しいでしょう。また、会社のなかなどで、その話題を広めるのも難しいでしょう。

その意味において、現代における、この世の「常識《じょうしき》」といわれるものからは、かけ離《はな》れた内容だろうと思います。

同書の各章には、「死後の生命《せいめい》」「憑依《ひょうい》の原理」「霊界通信《れいかい》の原理」「パワーとしてのオカルティズム」といった章題が付いていますが、キーワード的にポンッと言われると腰《こし》が引けて逃《に》げ出したくなるようなテーマを、あえて、ずらりと並《なら》べてみたのです。

それは、この世の「常識」に対する一種の開き直りなのですが、ある意味での自信と言うべきものが、そこには表れていると思います。

なぜ、そういう内容を堂々と本にできるのかというと、それは、私自身が、真理の探究者《たんきゅうしゃ》として己《おのれ》に忠実《ちゅうじつ》に生きてきたからです。真理の探究ということに関しては、自分自身をごまかしたり、偽《いつわ》ったりしたことはありません。この点に関しては、一切《いっさい》の妥協《だきょう》をしていないのです。

また、自分が確信《かくしん》している真理を人に伝え、世に伝えるにあたり、「恥《は》ずべきものは何もない」という気持ちを持っています。

私は、自分に対して正直であったように、他《た》の人に対しても正直でありたいと思っています。真理の探究において一筋《ひとすじ》であったように、真理の普及《ふきゅう》においても一筋でありたいと思っています。

「人の気を引くために、あるいは人の歓心《かんしん》を得るために、迎合《げいごう》し、真実をねじ曲げ、耳触《みみざわ》りや見た目のよい言葉を並べて、人気を博そう」という気持ちなど、私には、さらさらありません。

私は、「真理である」と確信したものを述べるのみであり、「他の人が、それを受け入れるか、拒否《きょひ》するか。どう評価《ひょうか》するか」ということに関しては、まったく気にもしていないのです。

ただ、私は、真理に対して、正直で謙虚《けんきょ》でありたいのです。そして、正直なる心、真実なる心を持って接《せっ》すれば、世の中の誠実《せいじつ》な人々は必ずや受け入れてくれるものだと思っています。

もちろん、学校の教師《きょうし》から見れば、「とても、こんな内容について教えることはできないし、クラスで話すこともできない」と思うようなものであることは知っていますし、「会社のなかで話題にしたら、どうなるか」ということも十分に分かっています。

それから、普段《ふだん》は仲よくしている友達であっても、真理を話題にしたら、それを聴《き》いてくれる人もいれば、とたんに尻尾《しっぽ》を巻《ま》いて逃げ出し、しばらく姿《すがた》をくらまそうとする人もいることは、よく知っています。

現代《げんだい》の「常識《じょうしき》」よ、驕《おご》るなかれ

私は、そういうことを知った上で、しかし、「人間は、真理に対して謙虚でなければならない」と思っています。

現代《げんだい》の「常識《じょうしき》」というものは、人々が、長年、培《つちか》った経験《けいけん》や知識から成り立っていると思いますが、私は、「『常識』よ、驕《おご》るなかれ」、あるいは、「『常識』に驕るなかれ」と言いたいのです。

「あなたがたは、どこまで知っているのか。真実をどこまでつかんでいるのか。そもそも、真理について探究をしたか。耳を傾《かたむ》けたか。勉強しようと考えたか。知ろうとしたか。その『常識』といわれるもののほとんどは、いわゆる先入観ではなかったのか」ということを問いかけています。

このような訴《うった》えかけは、最初のうち、拒否感、拒絶感等《きょぜつかん》に阻《はば》まれることもあろうかと思いますが、私は、著書のなかに、真実でないことは一行たりとも書いていません。

もちろん、さまざまな心霊関係や宗教関係《しゅうきょう》の書籍《しょせき》で語られている内容と、似通《にかよ》った部分もあるとは思います。ただ、私がそれを斟酌《しんしゃく》し、解釈《かいしゃく》して、「真実である」と思わなかったことは述べていません。自分が、「これは真実である」と思ったことについてのみ述べています。

そのように、非常《ひじょう》に正直に、飾《かざ》らずに語っているのです。

なぜ、このようなことを冒頭《ぼうとう》に述べたかというと、真理に生きる者は、それほど楽々と生きることはできないものだからです。

真理と、この世的なる「常識」とは、いつの時代もぶつかるものです。そして、この世の「常識」と少し距離《きょり》を取った「宗教的真理」といわれているもの同士であっても、昔に説かれて人々に受け入れられているものと、それから数百年、千年、二千年の歳月《さいげつ》を経《へ》て新しく説かれたものとの間には、内容に落差があるため、ぶつかることがあります。

真理に対して、正直であり、真剣《しんけん》であるほど、摩擦《まさつ》が起き、衝突《しょうとつ》も起きるでしょう。

そのときに、いかなる態度をとるかが問われます。ストロング・マインドを持っていなければ、どうしても、人は妥協し、逃げていくようになってしまうのです。

人生の試練を乗り越《こ》えていくとき、人は「魂《たましい》の輝《かがや》き」を得る

それでは、どうすればストロング・マインドを得ることができるのでしょうか。

このストロング・マインドを得るためには、長い自己鍛錬《じこたんれん》が必要であると私は思います。

一般《いっぱん》に、「意志《いし》の力」ということが言われますが、「強い意志の力を持って生まれた」という人はいません。

結果的に、「強い意志の力を持っていた」と言われる人はいます。大人になり、晩年《ばんねん》になってから、あるいは亡《な》くなってから、「あの人は、強い意志の力を持っていた。強靭な精神力を持っていた」と言われる人がいることは事実です。人生を閉《と》じたあとで、生まれつき、そういう人であったかのように見えることはあります。

ただ、言えることは、「人間の素質《そしつ》として、生まれ落ちたばかりの赤《あか》ん坊《ぼう》のときから、強い意志力や強靭な精神力を持っている人はいない」ということです。それは、やはり、生きていく過程《かてい》において、人生のさまざまな試練を乗り越えていく際《さい》に身につけていくものであると、私は確信しています。

みなさんも、本心では、「できれば、何らの試みにも遭《あ》わず、楽に、幸福に生きられたらいいな」と、おそらくは思っているでしょう。

しかしながら、人生のあるときに、逆境《ぎゃっきょう》と見えるものが現れてきます。逆風《ぎゃくふう》も吹《ふ》きます。学業における挫折《ざせつ》、仕事面での失敗、人間関係での葛藤《かっとう》や別れ、それから、憎《にく》しみ、悲しみなど、いろいろなものが現れてきます。

「できれば避《さ》けたい」というのが本心でしょう。しかし、それらを避けることはできません。そうした苦しみや悲しみを避けることは、みなさんの今世《こんぜ》における魂修行《たましいしゅぎょう》を無力化することになるからです。つまり、「せっかく生まれてきたのに、大した修行もせずに人生を終える」ということになってしまうのです。

確かに、能力《のうりょく》や才能については、生来《せいらい》のものもあるでしょう。ただ、それだけであったら、人は進歩しません。その人相応《そうおう》の人生の諸《しょ》問題が与《あた》えられ、苦しみながらもそれを乗り越《こ》えていくときに、魂の輝《かがや》き、徳《とく》と言うべきものが生まれてくるのです。

したがって、「『われに試練を与えるなかれ』と祈《いの》る人よ。あなたは、『われに徳を与えるなかれ』と言っているのと同じなのだ。試練のなかで、あなたは魂の輝きを得るであろう。だから、強くありなさい。自分に対して誠実でありなさい。自分の仏性《ぶっしょう》に対して謙虚でありなさい。自分の仏性を強く信じなさい」と、私は言いたいのです。

2 人生に必要な「向上心」と「平常心《へいじょうしん》」

向上心を見失う二つの場合——自暴自棄《じぼうじき》と易《やす》きにつく心

私は、以前、『不動心』（幸福の科学出版刊）という本を書いたことがあります。その本のなかで、「どんなときにも揺《ゆ》れない心を持ちなさい。氷山のように、海面下にどっしりしたものを持ちなさい。そういう強さが必要である」ということを述《の》べました。確《たし》かに、人生には不動心が必要です。

しかし、それ以外にも大事なものがあります。

その一つは「向上心」です。

もし、あなたのなかに向上心があるならば、それは、あなたに仏性《ぶっしょう》があるということと同じだと考えてください。

自分自身を省《かえり》みたときに、「私は向上したい。もっと素晴《すば》らしくなりたい。もっとよい仕事がしたい。もっと勉強がしたい。もっと優《すぐ》れた人間になりたい。もっと多くの人々を幸福にしたい。もっと家庭をユートピアにしたい」というような、自分を向上させる気持ちがあるでしょうか。

そういう気持ちが自分の内にふつふつと湧《わ》いてくるならば、自分の内にそれを見いだすことができるならば、それは、あなたに仏性が宿っているということと同じなのです。

仏性とは、「仏《ほとけ》になる可能性《かのうせい》」のことであり、「仏を目指す性質《せいしつ》」のことです。向上心があるならば、それは、あなたが、そういう素質《そしつ》を持っているということを意味しています。それを大事にしてください。

もし、どう考えても、今のあなたに向上心が見当たらない場合、たいていは、失敗や挫折《ざせつ》にとらわれていたり、何らかの問題に乗り上げていたりして、自暴自棄《じぼうじき》になっていることが多いと思います。

確かに、「いくらやっても、自分は駄目《だめ》なのだ」と思い、人生を投げ出したくなるような時期もあるでしょう。野球などのスポーツで言えばスランプの時期です。ヒットやホームランが打てない時期、いくら頑張《がんば》ってもミスが出る時期というものはあるでしょう。

仕事においても、そういうことはあると思います。「能力の限界《げんかい》を感じる」「大きな仕事を任《まか》されたのに失敗してしまった」「打つべき手が見つからない」「どうもがいても、世の中の経済《けいざい》の変動やトレンドに勝てない」「会社の仕事そのものが斜陽化《しゃようか》してしまい、そこから抜《ぬ》け出せない」というようなことはあるでしょう。

そのように、行き詰《づ》まって自暴自棄になっているとき、人は、向上心を見いだすことができなくなります。

また、安易《あんい》な成功に満足してしまい、「もう、これで十分だ」と思って、易《やす》きにつく気持ちになっているときにも、向上心を見いだせなくなります。もともとの要求レベルが低く、向上心や成功を求める心が弱いため、ある程度《ていど》、達成できたら、「もう、このくらいでよい」という気持ちになるわけです。

「給料は二十万円もあれば十分だ。会社で責任《せきにん》ある立場になど就《つ》きたくもない。そんな立場は疲《つか》れるし、つらいだけだ。この給料で、毎月、ある程度、遊べたらそれでよい」というような気持ちで生きている人もいるでしょう。

あるいは、「お酒が飲めればよい。カラオケができればよい。マージャンができればよい。月に何度か、異性《いせい》と遊べたり、ゴルフができたりすれば、それで十分だ」「定年まで何とか逃《に》げ延《の》びて、定年になったら、今度は妻《つま》に働いてもらうか、子供《こども》に資金援助《しきんえんじょ》をしてもらうか、国に頼《たよ》るかして、生き延びられたらよい」と思って生きている人もいるでしょう。

そのように、自暴自棄になって自分を見失っている場合や、安易に流れて快楽《かいらく》に心が染《そ》まり、堕落《だらく》してしまっている場合に、人は向上心を見失うのです。

水瓶《みずがめ》に一滴《てき》一滴、水をためるように、力が満ちる時を待つ

そういうときであっても、人は、魂《たましい》の奥底《おくそこ》において、「このままではいけない」ということは知っています。ただ、一定の期間は、どうにもならないこともあります。「どうしても向上心が湧いてこない。やる気が起きてこない」という時期

も、おそらくはあるでしょう。

しかし、自分を信じることです。深く信じることです。自分も仏の子であることを信じることです。自分に仏性があることを信じることです。「今は力が出なくても、必ず、また時節が巡《めぐ》ってくる。季節が巡ってくる」ということを信じることです。「秋が過ぎ、冬が過ぎ、また春が来る」ということを信じることです。

そういうときには、動き回らず、大きな水瓶《みずがめ》に一滴《てき》一滴、水をためるようにして、力をためていってください。そうすれば、やがて、時が満つるとともに、力も満ちてきます。エネルギーが満ちてきます。

半年か一年、あるいは三年ぐらい、そういう時期はあるものです。そのときに、あまりあがいても、苦しみを増《ま》すだけです。そういうときには、瓶に雨垂《あまだ》れをためるような気持ちで、動かずに、じっと粘《ねば》ってください。必ず、力の満ちる時期はやってきます。

平常心《へいじょうしん》は、持続する幸福の供給源《きょうきゅうげん》

「不動心のほかに、向上心が必要である」という話をしましたが、さらに、一見、不動心と似《に》ている、「平常心《へいじょうしん》」というものについて述べておきたいと思います。仏教では、平常心を「びょうじょうしん」と読むこともありますが、やや現《げん》代《だい》では通りにくいので、「へいじょうしん」と読むことにします。これは「常《つね》なる心」です。

人生には、いろいろな難《むずか》しい問題が出てくるので、そのときに、右往左往《うおうさおう》したり、気分が高揚《こうよう》したり落ち込《こ》んだり、神経質になったり、鬱《うつ》になったり、泣いたり叫《さけ》んだりする人は数多くいます。

他人のそういう姿《すがた》を見ると「見苦しい」と思いますが、自分自身がそうなったときには、それを止《と》めることも、変えることも、そう簡単《かんたん》にできるものではありません。

ただ、心は一種の粘土《ねんど》のようなものであり、「このようにつくろう」と思っていると、それが形をとったものとして現《あらわ》れてきます。粘土そのものに形はありませんが、心に描《えが》いたものが、器《うつわ》になったり、皿になったり、球《きゅう》になったり、いろいろな形になって現れてきます。「このようにしたい」と思ったものが、〝粘土〟としての心を動かして、新しい姿をつくっていくのです。

したがって、平常心についても、「平常心を持とう」と思えば、その方向に心は調教され、導《みちび》かれていくものなのです。

心の状態《じょうたい》が上がり下がりし、躁《そう》となり鬱となって、苦しみをぶちまけたり、愚《ぐ》痴《ち》や不平不満、怒《いか》りなどを周りにまき散らしたりするような人間は、他の人から見て「素晴らしい」とは思えないでしょう。

しかし、自分自身がそのようになることを避《さ》けられないのは悲しいことです。

他の人のそういう姿を見ると「嫌《いや》だ」と思うのに、自分自身はそこから逃れられないのは悲しいことであり、何とか平常心を保《たも》ちたいものです。

この平常心を保つためには、やはり、ストロング・マインドが必要です。心を、「かくあるべし」という方向に向け、常に訓練することが大事です。そのように考えてみてください。

悲しみのなかにある人の心は、洪水《こうずい》のなかで揺れる木《こ》の葉舟《はぶね》のようになっていますが、大きな波も小さく受け止めることです。そして、悲しみを中和し、喜びのときに有頂天《うちょうてん》にならず、「常なる心」を求め続けることです。「いつも平静でありたい。いつも冷静でありたい。いつも淡々《たんたん》と精進《しょうじん》する自分でありたい」と願ってください。

実は、それ自体が、幸福になるための「魂のコントロール法」でもあるのです。この安定した心、常なる心も、また、持続する幸福の供給源《きょうきゅうげん》であることを知ってください。

3　人間が目指すべき三つの「器《うつわ》」とは

聡明才弁《そうめいさいべん》――頭脳明晰《ずのうめいせき》で弁舌《べんぜつ》のさわやかな人間

次に、人間の器《うつわ》づくりで目指すべき方向について述《の》べましょう。

子供《こども》時代、学業時代から、社会に出て仕事をし始める青年期にかけては、まず、頭や体を訓練し、社会にとって有用な人間を目指すべきです。その意味において、頭の回転が速く、頭脳明晰《ずのうめいせき》で、弁舌《べんぜつ》のさわやかな人間を目指すべきであり、そのような人間になるように自己《じこ》鍛錬《たんれん》をすべきなのです。

学問の訓練期というのは、だいたいそういうものです。十代から二十代にかけては、頭の回転が速く、弁が立ち、いろいろな問題を見事に切り分けて解決《かいけつ》していけるような人間を、まず目指すべきでしょう。

まずは、そういう人間になってください。頭脳が俊敏《しゅんびん》で、理解力、判断力《はんだんりょく》に富《と》み、物事を嚙《か》み砕《くだ》いて解決していけるような人間です。

そのような人のことを、昔の中国の思想では、「聡明才弁《そうめいさいべん》」といいます。聡明で、才があり、弁が立つ人間です。若《わか》いころは、まず、そういう人間になろうと願ってください。

これは、いわゆるヤング・エリートの時期であり、会社ではホープと言うべき人でしょうが、まだ、自分づくりをし、自分のために生きている段階《だんかい》でしょう。

しかし、やがて、それだけでは、もたなくなってきます。その年齢《ねんれい》は三十歳《さい》前後です。その時期に、器として、もう一段の成長が必要なのです。「頭の回転も速く、弁も立つ、いわゆる切れ者である自分に、何が足りないのか」ということを考えることによって、その人の魂《たましい》の器は変化していきます。

磊落豪雄《らいらくごうゆう》——リーダーとしての大きな器《うつわ》

それでは、そういう秀才《しゅうさい》、エリートにとって、いったい何が足りないのでしょうか。

それは、次の段階である「リーダー」になっていくための心得です。

他の人から評定《ひょうてい》され、評価《ひょうか》される身としては、切れ者で、仕事がよくできるに越《こ》したことはありません。「頭が鋭《するど》くて、弁が立つ」というのは、素晴《すば》らしいことです。これで、学生時代や若手社員の時代に評価されないことは、まずありません。

ただ、やがて何かが足りなくなってきます。その境目《さかいめ》は三十歳から四十歳にかけてでしょう。

その足りないものは何であるかというと、ある種の「器《うつわ》の大きさ」です。人がついていくための器です。その人をリーダーとして、親分として認《みと》め、「ついていきたい」という気持ちを、他の人々に起こさせるような器です。

それは、人を導《みちび》いていく力、受け入れる力、包み込《こ》む力、受け止める力でしょうし、あるいは、人の間違《まちが》いを許《ゆる》す力、間違ったものを正しいものに変えながら根気強く導いていく力などでしょう。

こういう人物のことを、「磊落豪雄《らいらくごうゆう》」といいます。「豪放磊落《ごうほうらいらく》」と言ってもよいのですが、中国の思想では「磊落豪雄」な性格《せいかく》といいます。

これは、前述《ぜんじゅつ》した、いわゆる「切れ者」とは違います。「仕事がよくできる。電話をかけさせても、書類を作らせても、よくできる」ということと、この磊落豪雄とは、少し違うのです。これは器の大きさであり、「おれについてこい」というう、いわゆる親分肌《はだ》の性格でしょう。

悲観主義《ひかんしゅぎ》を超《こ》え、楽観的な人生観を持つ

前節で、「平常心《へいじょうしん》を持つこと、つまり、心があまり上がり下がりせず、喜びや悲しみ、苦痛《くつう》などに、あまり振《ふ》り回されないタイプの人間になることが大事である」ということを述べました。

人生には、面白《おもしろ》くないことが数多くあります。挫折《ざせつ》することもあれば、自分にとって不利な出来事が起きることもあります。しかし、それを嘆《なげ》いたり、悲しんだり、愚痴《ぐち》を言ったり、人や環境《かんきょう》のせいにしたりできるような場合であっても、そういうことに対して、極《きわ》めて楽観的に、楽々と乗り越《こ》えていける性格が、この「磊落」なのです。

楽天主義といえば、そのとおりですが、頭が悪いために楽天主義になっている場合とは違います。

一般《いっぱん》に、頭が緻密《ちみつ》でない人は、けっこう楽天的に生きられるのです。あまり勉強が好きではない人は、楽天的に生きられます。

例えば、勉強があまりできない子の場合、「テストは、どうだった」と訊《き》かれて、「まあまあ、できたよ」などと答えていても、実際《じっさい》にテストが返ってきてみると、ボロボロの点数だったりすることがよくあります。「自分がどこを間違えたか」ということが分からないわけです。そういう意味で〝快活《かいかつ》〟に生きている人もいます。

ところが、勉強が、ある程度《ていど》以上できて、秀才になってくると、ミスが気になって、悲観主義《ひかんしゅぎ》になることが多いのです。「百点から何点マイナスになったか」ということばかりを考え、「一点、間違えた」「五点も間違えた」などと、引き算で考えるようになります。

したがって、大企業《だいきぎょう》に勤《つと》める秀才やエリートたちのなかには、物事を引き算で考える悲観主義者が非常《ひじょう》に多いのです。頭のよい人は悲観主義者になる傾向《けいこう》があり、学歴が上がれば上がるほど、教養がつけばつくほど悲観主義者になっていきます。

こういう人たちは、あまりミスをしません。ミスの多い人がいると、仕事が順調に流れなくなって困《こま》るので、その意味で、彼らは組織《そしき》において役に立つ人たちです。

ただ、それだけでは、リーダーとして物足りません。そういう人には、職人《しょくにん》のように緻密な仕事をしたがる傾向があるため、自分のことだけに没頭《ぼっとう》したり、自分のやり方に合わない人を排除《はいじょ》したりする傾向が出てきます。

頭が悪くては困るのですが、この「悲観主義的秀才」を超《こ》えなければいけません。それを超えて、本質《ほんしつ》的な楽観主義を持たなければ駄目《だめ》なのです。

悲観主義的な傾向を超えて、楽観的な人生観を持てるような器をつくらなければ、人はついてきません。ただ単に減点《げんてん》主義で物事を見るような目だけでは駄目であり、もっと大局を見て、ドーンと構《かま》えていなければいけないのです。

結局、磊落豪雄な性格とは、笑って、「私についてきなさい」「あなたがたの失敗は私が全部引き受けよう」と言えるような性格です。

元からこういう性格の人など、まずいません。子供時代から、そのように見える人というのは、いわゆる、勉強ができない腕白《わんぱく》タイプ、要するに、『ドラえもん』のジャイアンのような性格です。

そうした能天気《のうてんき》でガキ大将《だいしょう》的な性格はあるでしょうが、通常、そういう性格の人は、秀才になったり、仕事ができるようになったりはせず、自分流の生き方をするだけで終わりになります。

したがって、若いうちは、ある程度、頭の回転が速くて、弁も立つ、「よくできる人」になっていただきたいのですが、やがて、その段階を抜《ぬ》けていかなければばなりません。その次の段階として、磊落豪雄な性格を目指すべきです。

人格《じんかく》を練り上げ、英雄肌《えいゆうはだ》の性格《せいかく》につくり変えよ

心というのは、つくり上げていけるものです。それほど急には変わりませんが、十年ぐらいかけて、そういう磊落豪雄な性格《せいかく》をつくろうと努力していくとよいでしょう。十年かければ、目指している方向に少しずつ変わってきます。あなた自身も変わりますが、周りの見る目も変わってきます。

やはり、小《こ》秀才では駄目なのです。完璧《かんぺき》主義者の秀才では、残念ながら、行き詰まります。次は、自分を英雄肌《えいゆうはだ》の性格につくり変えていこうと努力してください。

そうすると、他の秀才たちが、コバンザメのように大勢《おおぜい》ついてきて、あなたの仕事を助けてくれるようになります。そういう英雄肌の人は秀才たちにはないも

のを持っているからです。

この磊落豪雄な性格は、できれば三十代から四十代ぐらいにはつくりたいものです。それは、ちょうど人生の中堅期《ちゅうけんき》であり、仕事ができるようになって認められ、管理職になっていく時代です。この時期に、そういう英雄肌、英傑《えいけつ》肌の器をつくろうと志《こころざ》してください。

急には変わりませんが、十年かければ変わってきます。今日《きょう》、志して、明日《あした》、すぐになれるようなものではありません。それは無理です。今までの傾向性があるので、すぐにはそうなりませんが、十年ぐらいかけて人格《じんかく》を練り上げていってください。

志せば目標に近づいていきます。しかし、志さない人は変わりません。そういう人は、頭の回転が速く、人の欠点がよく分かり、人の仕事にけちをつけ、うるさく言うだけで、だいたい終わります。一定の年齢になって管理職になったとしても、器が足りないために大成しないのです。

したがって、この段階で器の変換《へんかん》が必要です。

これが、目指すべき二番目の方向です。

深沈厚重《しんちんこうじゅう》――智慧《ちえ》のある、どっしりとした人格《じんかく》

器づくりで目指すべき三番目の性格《せいかく》を、東洋の思想では、「深沈厚重《しんちんこうじゅう》」といいます。これは、現代《げんだい》では、あまり聞かない言葉でしょう。

深沈厚重な性格の例としては、昔から、西郷隆盛《さいごうたかもり》などがよく引き合いに出されています。そのように言えば少し分かるのではないかと思います。

もともとは頭がよく、弁舌さわやかだった人が、器が大きくなっていくにつれて英雄肌となり、さらには、しだいに考え深くなって、深沈とした性格、要するに、深く静かに考える性格になってくるのです。

実は、智慧《ちえ》が身についてくるときには、必ずそのようになるのです。常に人と話しているような状態《じょうたい》では、智慧は生まれません。

確《たし》かに、たくさん勉強をして情報《じょうほう》を手に入れれば、知識《ちしき》が増《ふ》え、知識人間や情報人間にはなれますが、智慧のある人間にはなれません。いわゆるジャーナリスティックな人間、つまり、常に情報が流れ込んできていて、それを右から左へ流すような情報処理《しょり》ばかりしている人は、智慧のある人間とは言えないのです。

世の中には、知識や情報は持っているのに、何か賢《かしこ》くない感じのする人がいるでしょう。テレビをつければ、そのような人はたくさん出てきます。彼らは、物知りで、いろいろなことを知っていますが、智慧があるわけではありません。

智慧が生まれてくるためには沈黙《ちんもく》が必要なのです。沈黙の時間のなかで深く考え、磨《みが》き込む必要があります。これが「深沈」です。

さらに、「厚重」です。物事に軽々しく反応《はんのう》して軽挙妄動《けいきょもうどう》するようでは、智慧が身についてきませんし、どっしりとした感じにもなってこないので、本当の大将にはなれないのです。

「情報人間」は、どうしても〝軽く〟なってしまいます。情報に踊《おど》らされて、バッタのように飛び跳《は》ねたり、ハエのようにガラスにぶつかったりしているようでは駄目なのです。

もともとは、情報感度の高い人のほうがよいのですが、しだいに深沈とした性格になって、深く考え込み、智慧を磨いていかなければなりません。その智慧を練り上げる間に、重い性格というか、そう簡単《かんたん》には動かない、どっしりとした性格をつくり上げていく必要があります。

これが本当の大器であり、東洋的な意味での「大人物」ということになるでしょう。こうした方向を目指すべきなのです。

このくらいの大人物になってこないと、危急存亡《ききゅうそんぼう》の秋《とき》に、あるいは天下国家を動かすような大きな仕事において、中心的役割《やくわり》を担《にな》うのは難《むずか》しくなります。頭がよいだけの人では無理ですし、磊落豪雄なだけでも、やはり無理でしょう。そういうときには、深い智慧と、不動心、平常心を兼《か》ね備《そな》えた、どっしりとした人格が必要になってくるのです。

それが「深沈厚重」ということです。

東洋学では、人間の器について、このような段階があると言われていますが、さすがに智慧のある人物観であろうと思います。

秀才《しゅうさい》のゴアよりも英雄肌《えいゆうはだ》のブッシュを選んだアメリカ国民

欧米流《おうべいりゅう》の考え方では、ここまでは行かず、どちらかというと、才知が優《すぐ》れた人を重視《じゅうし》する傾向があります。ただ、欧米の人たちにも、こうした深い人物観が分かる面もあるようです。

例えば、二〇〇〇年のアメリカ大統領選《だいとうりょうせん》は、クリントン政権《せいけん》の副大統領だったアル・ゴアと、ブッシュ・ジュニアが争いましたが、どちらかといえば、ゴアのほうが秀才《しゅうさい》だったと思います。それは全米の人が知っていました。

ゴアは、ハーバード大学を出た非常な秀才で、切れ者でした。クリントン政権時には、「もし、クリントン大統領が任期中《にんきちゅう》に倒《たお》れるようなことがあっても、ゴアが大統領になれば大丈夫《だいじょうぶ》だ」と言われていたぐらいです。それほどの秀才だったのに、アメリカ国民は、ゴアではなくブッシュのほうを選びました。

ブッシュには、秀才ではない面がやや多かったようです。「大学も、親の七光で、なんとか出してもらった」というようなところがあり、秀才とは言えない面がありました。

一方、ゴアのほうは、何でも自分で片《かた》づけないと気が済《す》まなかったようです。「細々《こまごま》したことまで、全部、自分の目を通して決裁《けっさい》しないと気が済まない性格で、

自分から携帯電話《けいたい》をどんどんかけ、直接《ちょくせつ》、話をして決めていた」と言われていま
す。
ちなみに、日本の総理大臣《そうりだいじん》では、少し古い話になりますが、故《こ》・橋本龍太郎《はしもとりゅうたろう》元
総理は、「役所の係長クラスにまで自分で電話する」と言われていました。法案
を起案した係長や課長補佐《ほさ》あたりに、総理が自ら電話をかけて確認し、意見を言
っていたそうです。秀才であったことは確かですが、細かい部分が気になる人だ
ったのでしょう。
アメリカでは、秀才のゴアではなく、ブッシュのほうが大統領になったわけで
すが、ブッシュには人を使う器がありました。茫洋《ぼうよう》としたところはありましたが、
自分以上の秀才を使える器だったのです。
彼は、外交についても疎《うと》いところがあり、外国の元首の名前を訊かれて答えら
れなかったこともありましたが、「そんなことは、しかるべきブレーンに問い合

わせれば済むことだ。三分もあれば答えを聞ける」と言って、平然としていました。

ブッシュは、ゴアほど頭は良くなかったのですが、人を使う器でした。そのように、「人間の器」に差があったため、アメリカ国民はブッシュのほうを選んだわけです。

こうした人物観は東洋学の考え方ではあるのですが、欧米の人たちにも分かる面があるのでしょう。

もっとも、このブッシュ元大統領が、深沈厚重な人格まで行っていたかどうかは分かりません。しかし、やや英雄肌のところがあったのは事実でしょう。そういう面で、ゴアとの差はあったと思いますし、欧米のほうでも、現実に、そのような人の選び方をするようです。

ただ、ブッシュの場合、「善《ぜん》か悪か」「右か左か」という二者択一《たくいつ》の対立原理で物事を考える傾向が強かったので、真なる智慧にはまだ遠いかもしれません。もう一段、深い智慧が湧《わ》いてきていれば、もっとよかったと思います。

ブッシュ自身は宗教的《しゅうきょうてき》人格の持ち主であり、宗派的《しゅうはてき》にはキリスト教右派に非常に近い立場のようですが、宗教的真理をもっと深く落とし込んで理解すると、深い人格ができてくるのです。現実に見ても、そういう人物としての発展《はってん》段階は、おそらくあるだろうと思われます。

4　ストロング・マインドの偉大《いだい》なる力

以上、人間の器《うつわ》づくりで目指すべき方向について述《の》べてきました。
こうしたことを肝《きも》に銘《めい》じて、十代、二十代の聡明才弁《そうめいさいべん》な性格《せいかく》から、三十代、四十代で磊落豪雄《らいらくごうゆう》な性格へと変身し、さらに、四十代から五十代、六十代にかけて、深沈厚重な性格へと変身していくことが大事です。

そうした「大いなるリーダーになろう」という志《こころざし》を立てて努力すれば、十年、二十年刻《きざ》みで、少しずつ自分を変化させ、育てていくことができるのではないかと思います。

三つの段階《だんかい》に、それぞれ二十年ずつかけてもよいでしょう。そのように、長い年月をかけて自分を成長させていくことも、ストロング・マインドの偉大《いだい》なる力の一つだと思います。「自分を鍛錬《たんれん》し、つくり上げていく」ということです。

結局、「真なる自由」とは、自分をつくり上げていく自由であり、これがいちばん尊《とうと》いものなのです。「堕落《だらく》する自由や、ほしいままに流される自由ではなく、自分自身をつくり上げていく自由が、本当に喜びのある自由であり、幸福な自由なのだ」ということを知っておいてほしいのです。

「何十年もの長い年月をかけて、自分をつくり上げていく」という喜びをもたらすものが、このストロング・マインドなのです。

「生まれつきの意志《いし》の強さ」などを信じてはいけません。「強い意志は、さまざまな環境《かんきょう》のなかで、苦しみを打ち破《やぶ》ることによって得られる力である」と信じたほうがよいのです。そのようにして、絶《た》えざる自分の成長を目指すべきです。

あとがき

若い頃は、秀才で弁舌《べんぜつ》さえ冴《さ》えていれば、不可能なことなど何もないように思われた。

しかし、時の流れの中で、人間には「たくましさ」や「耐える力」「心の成熟」「心の豊かさ」というものが大切であることがわかってきた。

私は三十二歳の時に『常勝思考』というベストセラーを書いたが、その二十二年後、『ストロング・マインド』という本を世に問おうとしている。

つくづく「こりない男」であり、積極的で建設的な考えを持ち続けていると感じている。

本書が繰り返し読むに耐える良書となり、多くの人々の心の糧《かて》となることを、心より希望する。

二〇一〇年　九月九日

幸福《こうふく》の科学《かがく》グループ創始者兼総裁《そうししゃけんそうさい》　大川隆法《おおかわりゅうほう》

本書は左記の法話をとりまとめ、加筆したものです。

第1章　七転八起の人生
二〇〇九年三月二十二日説法
埼玉県・大宮支部精舎

第2章　たくましく生きよう
二〇〇八年八月十一日説法
長野県・長野支部精舎

第3章　心の成熟について
二〇〇七年十一月三日説法
東京都・武蔵野支部精舎

第4章　心豊かに生きる
二〇〇八年四月十三日説法
栃木県・那須さくら(現・那須)支部精舎

第5章　ストロング・マインド
二〇〇五年一月二十六日説法
東京都・総合本部

『ストロング・マインド』大川隆法著作参考文献

『勇気の法』（幸福の科学出版刊）
『神秘の法』（同右）
『不動心』（同右）
『常勝思考』（同右）

ストロング・マインド ──人生の壁を打ち破る法──

2010年９月30日　初版第１刷

著　者　大《おお》川《かわ》隆《りゅう》法《ほう》

発行所　幸福の科学出版株式会社

〒142-0041 東京都品川区戸越１丁目６番７号
TEL(03)6384-3777
http://www.irhpress.co.jp/

印刷・製本　株式会社 堀内印刷所

ISBN978-4-86395-070-2 C0014

大川隆法 最新刊・あの世について知る

死んでから困らない生き方

スピリチュアル・ライフのすすめ

◆なぜ、あの世や霊は見えないのか
◆天国に還るために、最低限知っておきたいこと
◆「しつこい性格」の人は、死後、幽霊になりやすい
◆神様にも、「個性の差」や「格の差」がある
◆インドに伝わる「仏陀再誕」の伝説

1,300円

第1章　この世とあの世の真実を知る
目に見えない世界を信じて生きよう
この世での生き方が、あの世の行き先を決める　ほか

第2章　地獄からの脱出
「思い」こそが人間の正体
死後、幽霊にならないために　ほか

第3章　神と悪魔
「神」に関する霊的真実
代表的な悪魔とその特徴　ほか

※表示価格は本体価格(税別)です。